개인 신용평점제도

국립중앙도서관 출판시도서목록(CIP)

개인 신용평점제도 : 이론과 실제 = Credit scoring system : concepts and applications / 지은이: 이명식, 김정인. -- 파주 : 서울출판미디어, 2007

　　p. ;　　cm

ISBN　978-89-7308-141-7　93320

325.82-KDC4
658.152-DDC21　　　　　　　　　　　　　　CIP2007001226

개인 신용평점제도

이론과 실제

이명식 · 김정인 지음

서울출판미디어

　디지털화·글로벌화가 진전되면서 세상은 빠르게 변화하고 있다. 이러한 내·외부 환경의 변화는 우리의 소비의식구조와 경제생활패턴에 심각하게 영향을 미치고 있다. 가장 커다란 변화 중 하나가 바로 신용경제의 급속한 확산이라 할 수 있다. 신용은 우리의 일상생활 곳곳에 빈번하게 적용되고 있다. 이제 자본주의 경제체제에서 개인에게나 집단에게나 신용은 사회생활의 기본 요건 중 하나로 자리매김하였다. 일반적 의미의 신용이란, 사람의 언행이나 약속이 지켜질 것이라고 확신할 수 있는 믿음이다. 경제활동에서 의미하는 신용은, 개인의 과거 경제활동 행태와 현재의 경제능력 등을 살펴보아 미래에 이 사람이 빚을 상환할 수 있는지에 대한 가능성을 판단하는 것이다. 현대사회에서 빚(부채)은 중요한데, 이에 대한 상환 능력, 지불능력 등을 신용이라고 말할 수 있다.

　이 세상을 살면서 한 번도 빚을 지지 않고 살아가기는 쉽지 않다. '빚도 재산'이라는 말처럼 많든 적든 빚을 졌다가 내려놓곤 하는 게 보통사람들의 삶이라 할 수 있다. 신용은 미래의 가치를 현재로 당겨서 활용할 수 있는 편리함을 가져다주는 것이므로 좋은 신용은 중요한 자산이다. 현재 대가를 지불하지 않고도 자신이 필요로 하는 자원을 얻기 위해서는 다른 사람으로 하여금 자신이 미래에 대가를 확실히 상환할 것이라는 신뢰를 주어야 하는데 신용은 바로 객관적인 자료를 통해 나타내 보일 수 있는 신뢰의 수준을 나타내기 때문이다. 과거에는 소득범위 내에서의 지출과 저축이 미덕이고, 외상거래는 되도록이면 피해야 하는 불안한 소비행태로 여겨졌었다. 설사 효용을 창출할 수 있는 기회가 있더라도 수중에 돈이 없어 무위에 그치는 경우도 허다했다. 그러나 현대사회에서는 본인의 신용도에 따라 보유한 자산의 열 배 규모의 경제활동을 할 수도, 반대로 단 한 푼의 신용도 창출할 수 없을 수도 있게 되었다. 그뿐 아니라 신용도에 따라 금융거래에서 대출 한도와 이자율도 달라진다. 금융거래는 물론 부동산 매매, 개인 신용대출 등 모든 것을 서명 하나로 해결할 만큼 신용에 대한 평가의 기반이 탄탄하다. 이제 보다 많은 국가들과 FTA가 체결되면서 글로벌화가 진전되고 이에 따른 투명성, 공정성 등 글로벌 스탠더드가 우리 사회의 기준으로 자리를 잡으면 개인의 신용은 더욱 더 모든 거래의 기본이 될 것이다.

신용은 더 이상 추상적인 사람에 대한 신뢰만을 의미하지 않는다. 현대사회에서 신용은 추상적인 믿음이 아닌 '돈(Money)'이라 할 수 있다. 그러나 신용이 구축되어 있지 못한 사회에서는 신용의 이러한 혜택을 누릴 수 없다. 더욱이 한번 신용을 잃었을 때 받아야 하는 사회적 제약은 보통 고통스러운 것이 아니다. 특히 우리 경제의 신용불량자 문제는 개인의 문제를 넘어 절도·강도·유괴 등 각종 범죄를 발생시키고, 빈부갈등 심화 등으로 양극화 문제 및 사회의 불안을 야기하는 문제가 되었다. 그뿐 아니라 금융회사를 부실화시키고 소비를 위축시켜 내수시장을 침체시키는 등 경제적인 문제도 발생시킨다. 물론 개중에는 무분별한 주식투자나 상습적인 체납 등으로 인한 신용불량자도 상당히 있지만 본의 아니게 한때의 실수로 정상적인 금융거래를 할 수 없어 고리의 사채시장에 의존해야 하는 개인들도 많이 있어, 신용관련 각종 제도의 개선을 통해 선별적으로 도움을 줄 수 있는 정책이 추진될 필요도 있다.

우리 사회의 개인 신용불량자 수는 2000년 말 208만 명에서 2003년 말에는 372만 명으로 증가하여 경제활동인구의 16.2%가 신용불량자로 등록되는 사태가 빚어짐으로써 많은 사회적·경제적 문제점을 낳았다. 이 중 신용카드관련 개인 신용불량자 수는 2000년 말 44.4만 명에서 2004년 말에는 243.5만 명으로 전체 신용불량자 361만 명의 67.3%를 차지했다. 한국은행에 따르면 2006년 1인당 개인 빚이 1,400만 원에 육박한 것으로 파악되었다. 금융자산에 비해 금융부채의 증가 속도가 더 빨라지면서 가계의 부채 상환 능력도 악화된 것으로 나타났다. 2006년 12월 말 현재 개인부채 잔액은 총 671조 1,000억 원으로 2005년 말에 비해 11.6% 늘어났다. 우리나라 전체 인구(4,837만 7,000명)로 나눠보면 1인당 빚은 1,387만 원에 달하며 2006년 6월 말의 1,294만 원에 비해 100만 원 가까이 늘어난 액수라 할 수 있다. '개인의 부채 증가는 경제성장 등에 따른 자연스러운 현상으로 그 자체를 부정적으로 보면 곤란하다'는 일부의 주장도 있지만 최근 개인 빚 증가에 따른 신용불량자 수는 400만 명에 이르는 것으로 추산되고 있다.

이러한 현상인식하에 금융회사들은 개인에 대한 신용평가 시스템 구축으로 개인의 신용도에 따라 금리, 대출한도 등을 차별화할 수 있도록 신용평가 능력을 서둘러 확충하게 되었고, 금융회사들이 개인의 신용을 제대로 평가하기 위해서는 신용정보를 축적하고 공동 활용하는 인프라의 확충이 필수적이라는 점에서 크레딧뷰로(CB)의 활성화가 추진되게 되었다. 이와 더불어 개인의 신용의식 변화를 유도하기 위한 신용교육의 강화, 신용불량자 문제를 해결하기 위한 사후대책으로서 신용회복 지원제도의 활성화, 개인 중심 사회에서의 사회적 안전망 구축 등 신용사회를 구축하기 위한 제반 조치가 추진되었다. 이에 따라 금융회사가 개인의 신용도에 따라 고객을 다르게 대접하는 '신용

차별화' 현상이 심화되면서 개인 신용평점제도의 중요성이 급부상하고 있다. 지금까지는 불량·연체 정보를 걸러내는 '네거티브(Negative) 방식'이 중심이었다면 지금부터는 개인의 신용상태에 따른 '포지티브(Positive) 정보'를 차별적으로 제공, 신용도가 높은 사람이 우대받는 시대가 열리는 것이다.

신용산업에서 신용평가를 할 때 가장 널리 쓰이는 평점 시스템(Scoring System)은, '어떤 개인의 전체적인 신용상태는 각 신용요소들 특성의 종합적인 결과'라는 전제를 가지고 이루어지고 있다. 즉, 신용신청자(Borrower)나 계좌에 대한 정보가 계량화되고 결합되어 우량고객을 효과적으로 선발하고 불량고객을 사전에 예방시켜 줄 수 있도록 하는 신용 리스크(Credit Risk)를 평가하는 일반적 기법이라고 할 수 있다. 신용공여기관은 일반적으로 두 종류의 의사결정을 내려야 한다. 하나는 신규고객에게 신용을 공여해야 할지 여부를 결정하는 것이며, 다른 하나는 기존고객들의 신용한도를 증대시켜야 할지 여부를 포함하여 그 고객들을 어떻게 취급해야 할지를 결정해야 하는 것이다. 두 기법 모두 평점표(Score Card)를 이용하는데, 각 개인적 특성에 점수가 부여되고 이 점수들을 합산하여 신용공여 및 신용사용에 대한 위험을 산출하게 된다.

이제 개인의 신용도를 나타내는 신용평점의 중요성이 높아짐에 따라 개인들도 우선 자신의 신용평점을 주기적으로 확인하고, 자신의 신용을 체계적으로 관리해 나가는 노력이 필요하다. 또한 신용평점 계산에 주로 활용되는 요인들을 잘 파악하고 이를 중점적으로 관리하는 자세가 요구된다. 그럼에도 불구하고 신용불량자가 계속 증가하고 있고 이에 따라 개인파산을 신청하는 건수도 해마다 지속적으로 증가하고 있는 것이 작금의 현실이기도 하다. 피치 못할 경우를 상정하더라도 신용사회에서 신용은 자신의 책임 아래 지켜야 한다는 대명제를 감안했을 때 이는 아직도 우리 사회가 신용에 대한 의식이 미흡하고 개인의 신용관리에 대한 중요성이 제대로 인식되지 못하고 있기 때문이라 생각된다.

10여 년간 소비자금융 및 개인 신용을 연구해오던 차에 이러한 현상에 대해 나름대로 책임감을 느끼고, 1년이 넘는 기간에 걸쳐 『개인 신용평점제도: 이론과 실제』를 저술하게 되었다.

본 저서는 국내에서는 처음으로 신용평점 시스템에 대해서 이론적 배경을 바탕으로 은행, 신용카드사, 보험, 저축은행, 유통기관 등 소비자 금융을 담당하는 실무자들이 현장업무에서 당장 적용할 수 있도록 사례를 중심으로 체계 있게 저술하였고, 아울러 신용을 사용하는 개인의 입장에서도 신용평가의 체계에 대해서 가능한 한 쉽게 이해할 수 있도록 구성하였다. 주요 내용으로는 신용평점의 배경과 역사, 신용평점의 법적·사회적 문제, 신용평점모형의 개발(준비·추정·적용절차), 신용평점모형의 재개발, 신용평점모형의 종류, 신용평점모형의 개발사례, CB(크레딧뷰로)의 기능과 활용, 개인 신용평점모형의 주요 이슈 등을 포함하고 있다.

일반적으로, 신용사회로 들어선 선진국에서 개인 신용평점제도는 모든 국민의 신용도를 정확하게 평가하고 투명하게 관리해주어 선진 신용문화를 이루는 데 매우 중요한 역할을 하고 있다. 아무쪼록 본서가 소비자금융의 실무자들이나 소비자들이 개인의 신용을 보다 효과적이고도 효율적으로 사용할 수 있는 계기를 만들어 우리 사회의 신용문화 창달에 미력하나마 공헌할 수 있으면 하는 바람을 가져본다. 마지막으로 본서의 출판을 맡아준 서울출판미디어에게 감사를 느끼고, 특히 교정 및 편집업무를 꼼꼼하게 챙겨준 김경아 과장에게 고마움을 표하고 싶다.

2007년 4월

저자

날로 중요해지는 개인 신용평가

1. 신용사회와 개인 신용평가

**경제활동에서
신용의 의미** 현대사회에서는 인간의 욕구와 이해관계가 복잡해지고 다양해짐에 따라 '화폐'만으로 모든 경제활동을 해나가기는 어렵다. 그래서 생겨난 것이 '신용'이라고 할 수 있다. 일반적으로 '신용'이란, 사람의 언행이나 약속이 지켜질 것이라고 확신할 수 있는 믿음이다. 그렇다면 경제활동에서의 신용은 어떤 의미일까? 경제활동에서 의미하는 신용은, 개인의 과거 경제활동 행태와 현재의 경제능력 등을 살펴보아 미래에 이 사람이 빚을 상환할 수 있는지에 대한 가능성을 판단하는 것이다. 결국 '부채상환능력', '지불능력' 등을 '신용'이라고 말할 수 있다.

현대인은 자신도 모르는 사이에 하루에도 몇 번씩 크고 작은 신용거래를 하면서 살아가고 있다. 동네 슈퍼마켓에서 외상으로 물건을 사기도 하고, 은행 등 금융회사에서 대출을 받기도 한다. 별다른 생각 없이 사용하는 신용카드 결제도 결국 외상 거래와 동일한 신용거래이다.

원칙적으로 '신용'은 '있다/없다'가 아니라 '높다/낮다'의 개념이다. 동네 슈퍼마켓에서의 외상을 예로 들어보자. 외상값이 1만 원에서 10만 원으로, 20만 원으로 계속 늘어만 간다면 어느 순간 슈퍼마켓 주인이 더 이상 물건을 팔 수 없다고 버티게 될 것이다. 자칫 외상 대금을 떼일 가능성이 있다고 판단하기 때문이다. 하지만 모든 고객에게 동일한 기준이 적용되지는 않을 것이다. 직업도 안정적이고 믿음이 가는 A라는 고객에게 50만 원까지 외상을 준다면, 직업이 불안정하고 믿음이 덜 가는 B라는 고객에게는 10만 원까지만 외상을 줄 수도 있다. 이 경우 A의 신용이 B보다 높다고 말할 수 있다. 본인의 신용도에 따라 보유한 자산의 열 배 규모의 경제활동을 할 수도, 반대로 단 한 푼의 신용도 창출할 수 없을 수도 있는 셈이다. 그뿐만 아니라 신용도에 따라 대출한도와 이자율도 달라진다.

**현대 신용사회에서
개인 신용평가의 중요성**

"월급쟁이가 꼬박꼬박 저축해서 어느 세월에 집이라도 한 채 장만할 수 있겠나?" "맞다, 맞아. 안 먹고 안 쓰고 10년 동안 돈을 모아봤자 오르는 집값을 당해낼 재간이 없지." "역시 빚을 내서라도 집을 사는 게 최선이라니까." 회사원들의 술자리에서 어렵지 않게 접할 수 있는 대화로, 현대사회에서 '빚(부채)'의 중요성을 단적으로 보여주는 내용이다.

과거에는 소득범위 내에서의 지출과 저축이 미덕이고, 외상거래는 되도록이면 피해야 하는 불안한 소비행태로 여겼다. 그렇지만 현대사회에서는 빚을 지지 않고 살아가기가 쉽지 않다. 예를 들어 소득범위 내 지출과 저축만으로 내 집을 마련하고자 한다면 평생 동안 불가능할지 모른다. 이처럼 신용거래가 피할 수 없는 소비 형태라면, 신용은 또 다른 자산이라고 할 수 있다.

신용은 미래의 가치를 현재로 당겨서 활용할 수 있는 편리함을 가져다주는 것이므로 좋은 신용은 중요한 자산이다. 현재 대가를 지불하지 않고도 자신이 필요로 하는 자원을 얻기 위해서는 다른 사람으로 하여금 자신이 미래에 대가를 확실히 상환할 것이라는 신뢰를 주어야 하는데, 신용은 바로 객관적인 자료를 통해 보일 수 있는 신뢰의 수준을 나타내기 때문이다.

그러나 신용이 구축되어 있지 못한 사회에서는 신용의 이러한 혜택을 누릴 수 없다. 우리 경제의 신용불량자 문제는 신용불량자 개인의 문제를 넘어 절도, 강도, 유괴 등 각종 범죄를 발생시키고, 빈부갈등 심화 등의 사회갈등을 야기하고 있다. 그뿐 아니라 금융회사를 부실화시키고 소비를 위축시켜 내수시장을 침체시키는 등 경제적인 문제를 발생시킨다.

'신용'은 더 이상 추상적인 사람에 대한 신뢰만을 의미하지 않는다. 현대 사회에서 신용은 추상적인 믿음이 아닌 '돈(Money)'이라 할 수 있다.

신용사회로 들어선 선진국에서는 개인의 신용이 모든 거래의 기본이므로 신용이 매우 중요하다. 금융거래는 물론 부동산 매매, 개인 신용대출 등 모든 것을 서명 하나로 해결할 만큼 신용에 대한 평가의 기반이 탄탄하다. 그러므로 개인 신용평가기관은 모든 국민들의 신용도를 정확하게 평가하고 투명하게 관리해주어 선진 신용문화를 이루는 데 매우 중요한 역할을 수행하게 된다. 그리고 가계대출과 신용카드 발급이 쉽지 않기 때문에 신용불량자가 급증할 가능성이 적으며 또한 다양한 신용갱생대책을 제공하여 신용불량자를 미연에 방지하고 있다.

가장 앞선 신용사회로 평가되는 미국의 사례를 살펴보자. 미국은 소비구조의 특성상 저축률이 낮으며 할부구매를 통해 집/자동차를 구입하기 때문에 신용관리 시스템이 매우 발달되어 있다. 그뿐 아니라 미국은 우리보다 10년 앞서 가계대출 거품이 꺼지면서 소비자 파산 문제를 현명하게 해결해낸 경험을 가지고 있기도 하다. 역사가 100년 이상 된 미국 신용사회의 첫 출발은 금융회사들 간에 모든 신용정보의 공유에서 출발했다고 해도 과언이 아니다.

다양한 금융거래 정보가 집중되고 개인 파산정보는 10년간, 연체기록을 포함한 모든 금융기록 정보는 7년간 관리하도록 하는 등 엄격한 신용관리 제도를 통해 무분별한 소비생활에 제재를 가하고 있다. 신용은 곧 생명이고 신용평가기관이 제시한 신용평점이 낮으면 대출이자와 보험료부터 올라가는 구조로 되어 있다. 금융회사는 자체적으로 연체자 채무조정 상담기능을 가지고 있고 채무상담을 위한 협의기구가 다섯 개나 존재한다. 민간 신용상담기구(Credit Counselling)를 통한 신용갱생제도도 활발히 운영되고 있다.

이와 같이 신용사회에서는 개인의 신용이 모든 거래의 기본이 되는 만큼 신용신청자에게 신용을 공여하는 신용공여기관이 개인 신용시장에서 영업을 확대해나가기 위해서는 개인의 신용능력을 어떻게 정확하게 평가할 것인가라고 하는 개인 신용평가 능력의 확보가 경쟁력의 핵심요소가 된다. 신용평가란 신용상태에 영향을 주는 제반 경제적 사실을 조사하여 이를 분석한 결과를 토대로 개인의 신용도에 관한 종합적인 판단을 내리는 것을 말한다. 따라서 개인 신용평가 시스템은 개인 신용시장에서 어느 특정 개인에 대한 신용평가 결과에 근거하여 신용공급에 관한 의사결정이 이루어지는 시스템을 의미하는 바, 개인에게는 신용획득의 기회를, 금융회사에게는 심사분석정보를 제공하는 기능을 수행한다.

2. 평점 시스템을 이용한 개인 신용평가

신용산업에서 신용평가를 할 때 가장 널리 쓰이는 평점 시스템(Scoring System)은, "어떤 개인의 전체적인 신용상태는 각 신용요소들 특성의 종합적인 결과"라는 전제를 가지고 이루어지고 있다. 즉, 신용신청자(Borrower)나 계좌에 대한 정보가 계량화되고 결합되어 우량고객을 효과적으로 선발하고 불량고객을 사전에 예방할 수 있도록 해주는 신용 리스크(Credit Risk)를 평가하는 일반적 기법이라고 할 수 있다. 이러한 속성에 따라서 역사적으로 신용평점 시스템은 개인 신용(Consumer Credit)과 신용시장에서의 경험을 포괄하고 있는 모든 정보를 결집시킬 수 있는 방법으로 고안되고 발전되어왔다. 결과적으로 이러한 기법들은 누구에게 신용을 줄 수 있고, 얼마나 많은 신용을 공여할 수 있는지, 그리고 어떤 영업 전략이 수익성을 제고시켜 줄 수 있는지를 결정할 수 있게 한다.

신용평점이 개인의 신용도(Creditworthiness)를 절대적으로 평가하는 것으로 알려져 있으나 현실적 측면에서 반드시 그런 것은 아니다. 여기서 말하는 신용도란 신장이나 체중, 심지어 개인소득과 같은 객관적인 개인 특성이 아니다. 이는 신용신청자나 고객에 대한 신용공여기관들의 자체적인 평가일 따름이며, 상호 간에 처한 상황 및 신용공여기관들의 미래의 경제 시나리오에 대한 견해를 반영하고 있다고 할 수 있다. 따라서 한 신용공여기관에서 신용이 없다고 평가받은 소비자가 다른 신용공여기관에서는 신용이 있는 것으로 평가받을 수 있는 것이다. 이러한 점에서 어떤 개인을 '신용이 없다'로 기술하는 것은 일종의 인권침해라고 많은 소비자인권단체들은 주장한다. 이러한 점에서 신용도가 낮은 개인의 경우에는 '신용공여기관이 이 소비자에게 신용을 공여하는 것은 신용을 공여하지 않는 경우보다 상대적으로 더 위험하다'고 기술해야 옳은 것이다.

신용공여기관은 일반적으로 두 종류의 의사결정을 내려야 한다. 하나는 신규고객에게 신용을 공여해야 할지 여부를 결정하는 것이며, 다른 하나는 기존고객들의 신용한도를 증대시켜야 할지 여부를 포함하여 그 고객들을 어떻게 취급해야 할지를 결정하는 것이다. 첫 번째 경우에 사용되는 기법이 신청평점 시스템(Application Scoring System)이고, 두 번째 경우에 사용되는 기법이

행동평점 시스템(Behavior Scoring System)이다. 두 기법 모두 평점표(Score Card)를 이용하는데 각 개인적 특성에 점수가 부여되고 이 점수들을 합산하여 신용공여 및 신용사용에 대한 위험을 산출하게 된다.

구체적으로 신용공여기관들은 신청평점 시스템을 통해서 다음과 같은 혜택을 제공받을 수 있게 된다. 첫째, 신용신청을 처리하는 데 효율적이다. 둘째, 신용조사비용을 절감할 수 있다. 셋째, 신용에 대해서 일관되게 결정을 내릴 수 있게 된다. 넷째, 연체율과 신용손실을 상대적으로 낮출 수 있다. 다섯째, 회원들의 사용실적을 예측하는 데 보다 더 향상된 능력을 가질 수 있게 된다. 행동평점 시스템 또한 다음과 같은 장점을 가지고 있다. 첫째, 효과적인 사후관리를 수행할 수 있다. 둘째, 보다 더 심각한 연체상태로 이전되는 계좌수를 줄일 수 있다. 셋째, 신용손실을 감소시킬 수 있다. 넷째, 회원들과의 관계를 보다 개선할 수 있다.

결국 개인에 대한 신청평점 시스템이나 행동평점 시스템은 신용신청자를 승인하는 데서나 현재 및 연체회원들에 대한 신용전략을 개발하는 데 있어서 내재된 신용 리스크를 계량화시켜 주고 있으며, 이러한 평점 시스템을 사용할 때 신용공여기관들은 효과적으로 고객을 관리할 수 있게 되고 보다 향상된 사업 포트폴리오를 가질 수 있게 될 것이다.

3. 개인 신용시장의 성장과 신용평점의 관리

국내 개인 신용 시장의 성장 우리나라의 개인 신용시장은 1997년에 발생한 외환위기를 전후하여 많은 변화가 있었다. 금융회사들은 외환위기 이후 기업대출에서 개인대출 쪽으로 관심을 가지게 되고 개인대출 비중을 확대하게 되었다. 은행의 가계대출을 비롯하여 할부금융 및 신용카드와 같은 소비자금융부문에서 개인 신용대출의 비중이 높아지게 되었다.

우리나라의 가계신용(가계대출+판매신용) 잔액은 외환위기 직후인 1997년 말 211.2조 원에서 2006년 3/4분기 말에는 558.8조 원으로 340조 원 이상 증가했다. 잔액규모가 2.6배나 급격하게 증가한 것이다. 특히 가계신용의 증가는 2000~2002년의 3개년에 집중되었다. 이 기간 가계신용은 매년 25%를 넘는 높은 증가세를 보이며 3년간 224.9조 원이 증가하였다.

이와 같이 가계신용이 급격하게 증가한 것은 우선 가계대출이 기업대출에 비해 수익성 및 안전성이 높고, BIS 자기자본비율(국제결제은행이 정한 기준으로 산출한 자기자본비율) 산정에도 유리해짐에 따라 은행들이 가계대출을 확대한 데 기인한다고 볼 수 있다. 또한 자금수요측면에서는 저금리 기조의 지속으로 주택관련 대출수요를 중심으로 가계대출 수요가 크게 증가했고, 외환위기 이후 은행 구조조정과 공적 자금 투입을 통해 금융회사의 BIS 자기자본비율이 제고되는 등 금융회사의 신용공여능력이 확충되었다. 더욱이 1999년 5월 신용카드 현금서비스 한도제한 폐지로 인해 1999년 2/4분기 이후

〈그림 1-1〉 우리나라 소비자(개인)신용의 체계

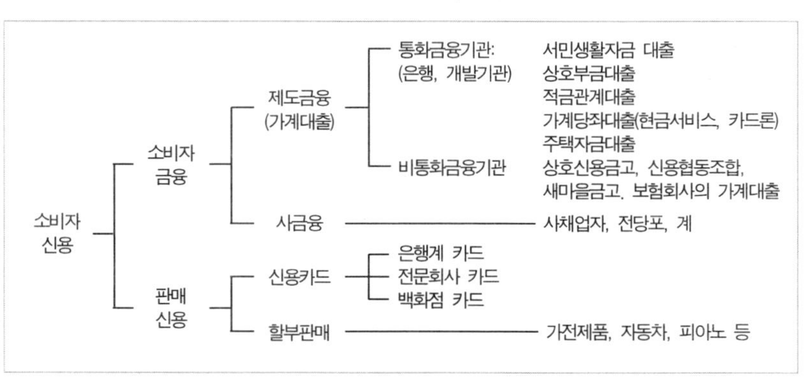

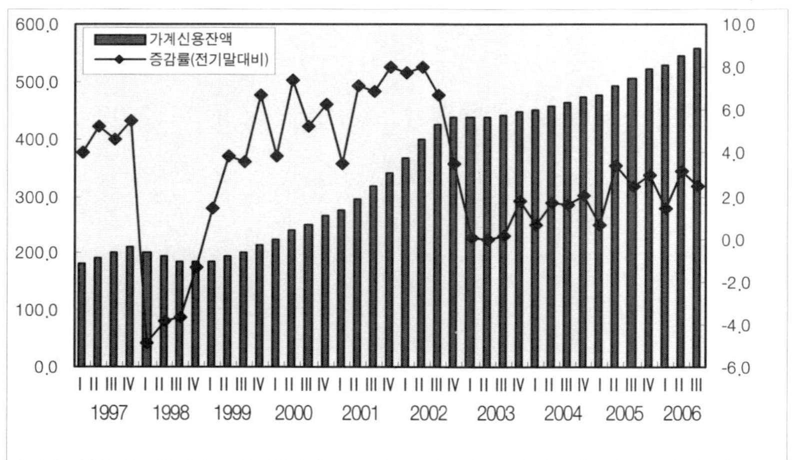

〈그림 1-2〉 가계신용잔액 추이

자료 : 한국은행, 2006년 중 가계신용동향.

신용카드 관련 대출이 크게 증가하였다. 실제로 2000~2002년 중 예금은행의 가계대출은 약 145.7조 원, 신용카드사의 가계신용(판매 신용 + 대출)은 65조 원 이상 증가되었다.

신용위기의 교훈　　그러나 이와 같이 가계대출의 비중이 점차 높아짐에도 불구하고 신용신청자에 대한 신용평가는 소수의 대출심사역들의 과거 경험에 의한 방법에 의존했으며 충분히 과학적이고 합리적인 신용평점 시스템으로 운영되지는 않았다. 이러한 금융회사의 취약한 개인 신용평가 능력으로 인해 급격한 가계신용규모의 확대는 그동안 금융권으로부터 소외되었던 개인들의 신용이용 기회가 크게 확대되었다는 긍정적인 측면과 더불어 신용불량자 증가와 신용위기라고 하는 부정적 측면을 초래하게 되었다.

〈표 1-1〉 개인 신용불량자 추이

(단위 : 만 명, %)

	00.12 말	01.12 말	02.12 말	03.12 말	04.12 말	05.12 말	06.7 말
전체 신용불량자(A)	208.4	245.0	263.6	372.0	361.5	297.5	284.8
신용카드 관련(B)	44.4	104.2	149.4	239.7	243.5	-	-
비중(B/A*100)	21.3	42.5	56.7	64.4	67.3	-	-

* 2005년 4월 28일자로 신용불량자 제도가 없어지면서 신용불량자라는 용어가 없어지고 금융채무불이행자로 변경됨에 따라 이후 공식적인 통계자료는 발표되지 않고 있음.
자료 : 전국은행연합회 및 《내일신문》(2006. 11. 1).

우리나라의 개인 신용불량자 수는 2000년 말 208만 명에서 2003년 말에는 372만 명으로 증가하여, 경제활동인구의 16.2%가 신용불량자로 등록되는 사태가 빚어짐으로써 많은 사회적·경제적 문제점을 낳았다. 이 중 신용카드 관련 개인 신용불량자 수는 2000년 말 44.4만 명에서 2004년 말에는 243.5만 명으로 전체 신용불량자의 67.3%를 차지했다.

한계선상에 있는 거액다중채무자들이 경기침체와 신용공여기관들의 리스크 관리 강화로 변제능력이 급속히 저하되면서 개인 신용불량자 문제는 신용시장 전반의 부실화로 연결되어 심각한 사회적 문제로 부각되었다. 다시 말하면 역사가 일천한 우리나라 개인 신용시장은 자체적인 구조적 문제점이 방치된 채, 가계신용이 급팽창함으로써 신용불량 발생 건수가 급증하여 금융회사의 건전성 유지에 치명타를 가하게 된 것이다.

실제로 신용불량자가 된 이들의 사연은 구구절절하다. 대부분의 공통점은 '가랑비에 옷 젖는' 줄 모르고 빚을 늘려가다 어느 순간 감당하기 어려운 상황까지 내몰린다는 점이다.

 A 씨는 마지막 학기 등록금을 내기 위해 찾아간 대학 구내 은행에서 학생들에게만 특별히 카드 발급을 해준다며 카드를 만들라는 직원의 권유를 받았다. 비상용으로 카드가 있으면 좋겠다는 생각이 들어 발급 신청을 했고 그때부터 A 씨는 카드빚의 수렁으로 빠지기 시작했다. 비상용으로 사용하려던 카드였지만 막상 지갑 안에 카드가 있다는 생각에 A 씨는 고가의 수입 화장품과 명품 등을 구입하거나 친구들과 고급 패밀리 레스토랑에서 식사를 하는 등 점점 씀씀이가 헤퍼졌다. 또한 취직이 어려워 여러 학원을 다니면서 망설임 없이 20만~30만 원 하는 학원비를 지불하기도 했다. 3개월 만에 카드한도는 바닥났고 6개월에서 10개월까지 할부로 결제한 카드대금이 청구되기 시작해, 결국은 450만 원이라는 엄청난 금액으로 불었다. 수입이 없던 학생으로서 450만 원은 결제하기 힘든 큰돈이었고, 연체가 되자 카드회사에서 핸드폰과 집으로 독촉 전화를 하기 시작했다. 결국 어머니는 충격으로 시력이 급격히 저하되는 병까지 얻었다. 부모님은 아직 결혼이나 사회생활을 못 해본 A 씨가 신용불량자가 되는 것을 걱정해 카드빚을 갚아주었지만 오히려 이것이 더 큰 화근이 되었다.

지난해 2월 중소기업에 입사한 A 씨는 부모님 앞에서 카드를 잘라버려 당시 카드가 없는 상태였지만 해지한 것은 아니어서 카드번호만 알면 카드 사용이나 재발급을 할 수 있었다. 이미 카드 사용 경험으로 인해 씀씀이가 커진 A 씨는 월 95만 여원의 급여를 받았지만 씀씀이는 월 95만 원에 카드 한도 520만 원까지 더해 총 600만 원을 넘어섰다. 결국 카드 발급 9개월 만에 카드가 5장이 되었고 5장의 대금이 엄청나게 불어나자 캐피탈사, 상호저축은행 등 고액의 이자를 지불하는 대출을 받아 총 2,000만 원의 빚을 지고 신용불량자가 되고 말았다.

— 출처: 청소년금융교육협의회

이와 같이 신용불량자 사태로 대변되는 신용위기의 뼈아픈 경험을 토대로 우리 사회 전반적으로 다시는 신용위기를 되풀이하지 않기 위해서는 개인의 신용에 대한 의식이나 관련 법 및 제도의 변화가 수반되어야 한다는 공감대가 형성되었다. 우리 사회가 경험한 신용위기는 우리나라만 겪은 것은 아니고 성숙된 신용사회로 나아가는 과정에서의 과도기적 현상이므로 신용의 개념을 신용자산으로 인식하여 신용을 관리하는 사회문화를 형성하는 것이 중요하다. 선진국에서도 국민소득 1만 달러 시기를 전후하여 6~7년간 신용대출 급증 등 신용위기를 경험했는데, 미국은 1974~1984년, 일본은 1979~1986년이 이러한 시기였다. 이러한 현상인식하에 금융회사들은 개인에 대한 신용평가 시스템 구축으로 개인의 신용도에 따라 금리, 대출한도 등을 차별화할 수 있도록 신용평가 능력의 확충을 서두르게 되었고, 금융회사들이 개인의 신용을 제대로 평가하기 위해서는 신용정보를 축적하고 공동 활용하는 인프라의 확충이 필수적이라는 점에서 크레딧뷰로(CB)의 활성화가 추진되게 되었다. 이와 더불어 개인의 신용의식 변화를 유도하기 위한 신용교육의 강화, 신용불량자 문제를 해결하기 위한 사후대책으로서 신용회복 지원제도의 활성화, 개인중심 사회에서의 사회적 안전망 구축 등 신용사회를 구축하기 위한 제반 조치들이 추진되었다.

개인 신용평가 시스템의 개선 국내 신용공여기관들은 개인 신용평가 능력을 갖추기 위해 그동안 개인 신용평가 시스템을 구축하는 등 많은 노력을 기울여왔으나, 금융회사 간에는 위험관리 능력에 상당한 차이를 보이는 것이 현실이다. 은행 등 대형 금융회사는 대부분 개인 신용평가 시스템을 도입, 운영하는 등 선진 리스크 관리를 위한 기반을 구축한 상태인 데 반해 소형 금융회사는 관련 시스템 구축이 지연되는 등 리스크 관리기능이 취약하다. 또한 이미 도입된 개인 신용평가 시스템이 아직까지 금융회사에 충분히 정착되지는 못하고 있는 상황이다. 경제상황의 변화에 따른 고객의 신용 리스크 변화가 신용평가 시스템에 즉각적으로 반영되지 못하고 있으며 개인신용 리스크 평가와 여신전략 운영 및 대손충당금 설정 등을 연계한 종합 리스크 관리 시스템의 운용은 미흡한 실정이다. 더욱이 정확한 신용평가를 위한 정보유통이 부족한 실정이다. 향후 국내 신용공여기관들은 개인 신용시장의 확대에 대응하여 개인 신용평가 시스템의 선진화 등 선진화된 리스크 관리 체계를 구축하고 운용하는 데 한층 노력할 것이다.

특히 2005년 4월 28일부터 신용불량자 등록제도가 폐지되어 향후 금융회사들은 신용평점 시스템(Credit Scoring System)을 적극적으로 이용하게 될 것이다. 국내 신용공여기관들은 개인 신용평점을 이용한 신용도 측정의 정확도를 제고해나가기 위해 개인 신용정보 수준 및 대출상품 특성에 맞는 다양한 개인 신용평가모형을 개발하고, 모든 대출상품에 개인 신용평점 시스템을 적용하며, 바젤(Basel) II의 요건을 충족하는 데 중점을 두게 될 것이다. 또한 신청평점과 행동평점 등 개인 신용평점을 바탕으로 여신전략 운영체계를 다양화하고 과학화하여 개인의 상환능력을 기반으로 신용한도를 부여하고, 만기연장 및 채권 회수전략을 다양화하는 한편 신규고객에 대한 합리적인 여신체계를 개발해나가게 될 것이다.

개인 신용평점 관리의 시대　개인들도 개인의 신용도를 나타내는 신용평점의 중요성이 높아짐에 따라 우선 자신의 신용평점을 주기적으로 확인하고, 자신의 신용을 체계적으로 관리해나가는 노력이 필요할 것이다. 또한 신용평점 계산에 주로 활용되는 요인들을 잘 파악하고 이를 중점적으로 관리하는 자세가 필요하다. 실제로 개인의 신용관리가 일상화되고 있는 선진국의 사례가 신용관리의 실상을 잘 나타내고 있다.

사례 2 미국 페어 아이작(Fair Isaac)사의 신용평점(FICO Score)은 300점에서 850점까지 분포하는데, 점수가 높을수록 신용도가 높음을 의미한다. 미국의 한 여인이 780점의 높은 신용평점을 가지고 있었다. 그녀는 이혼을 하게 되었고 전 남편이 그녀의 가족카드에 대해 결제를 해주기로 했다(가족카드는 한 명이 결제할 수 있어 다른 한 명은 사용만 하면 된다). 그런데 전 남편이 카드 사용을 과다하게 하여 연체를 하게 되었고, 이러한 사실을 그녀는 모르고 있었다. 이것이 그녀의 신용도를 한 달 사이에 180점이나 낮아진 600점으로 떨어뜨렸다. 이를 알게 된 그녀는 전 남편으로 하여금 연체를 관리하고 다른 카드를 사용하게 함으로써 신용도를 높이고자 했으나, 한번 떨어진 점수를 모두 올리지는 못했고 80점만 올릴 수 있었다.

― http://www.washingtonpost.com/wp-dyn/articles/A4233-2005 Mar16.html

사례 3 윌리엄은 신용보고서를 조회한 결과 현재 자신의 신용평점이 680점임을 확인했다. 신용평점이 660에서 689점 사이인 자신이 신용관리를 통해 신용평점을 720점 이상으로 유지한다면 추가적으로 총 이자 $7,510를 절감할 수 있고 신용관리를 잘못하여 589점 이하로 떨어진다면 총 이자 $19,090를 추가로 부담해야 한다는 사실을 알고 있었다. 1년 후 주택을 구매하기 위해 주택담보 대출을 받아야하는 윌리엄은 신용평점을 높이기 위해 연체금 잔액 관리, 주거래은행지정, 신용평점 확인회수 제한 등의 신용관리를 위한 생활을 실천하기 시작했다.

신용거래의 규모가 커짐에 따라 금융회사들이 개인의 신용을 점수화

또는 등급화하여 이를 적용하는 범위나 강도는 더욱 강화될 것이다. 이제는 개인들도 신용등급을 관리해야 하는 시대가 된 것이다. 신용등급이 낮으면 대출이자가 올라가고 대출한도가 제한되는 것은 물론 백화점에서 물건을 사거나 휴대전화를 개통할 때 거래를 거절당할 수도 있다. 주기적으로 그리고 체계적으로 자신의 신용상태를 점검하고 관리해나가야만 신용을 자산으로 활용할 수 있게 될 것이다.

신용평점의 배경과 역사

1. 신용평점의 배경

신용의 역사　인간은 경제생활을 하며 상호 커뮤니케이션을 갖게 되면서 돈을 포함한 물건을 빌리고 되갚고 하는 행위를 하게 되었을 것으로 추정된다. 원시시대 사냥꾼은 자신이 속한 집단에서 가장 좋은 무기를 가지고 나가 사냥을 하고 그 결과 노획한 사냥감을 소속된 구성원과 공유했다고 한다. 문서에 처음으로 기록된 신용(Credit)에 대한 사례는 고대 바빌론에서 나왔다. 기원전 2000년경에 제작된 것으로 추정되는 석판에는 다음과 같은 글귀가 새겨져 있다. "아다드리메니의 아들인 마스사마츠는 와라드엔릴의 딸인 태양 여사제 아마트사마츠로부터 은닢 두 세겔(Shekel)을 빌려 갔다. 그는 태양신의 이자를 지불할 것이다. 그는 추수하고 나서 원금에다 이자를 얹어 꾸어간 돈을 상환할 것이다."[1] 따라서 농부들은 추수 전에 꾸어

---

1) Lewis, Edward M.(1992), An Introduction to Credit Scoring, The Athena Press:

간 돈을 추수 후에 상환하는 방식으로 그들의 현금 흐름 문제를 해결했던 것으로 보인다.

그리스·로마 제국에 이르러서 금융회사들은 계속 발전되어갔다. 유럽에서는 중세 암흑시기에 별 진전을 보지 못하다가 13세기 십자군원정 시대에 이르러 전당포가 우후죽순처럼 급증하게 된다. 초창기 이러한 전당포는 이자를 받지 않는 일종의 자선기관이었으나 상인들은 이 분야에서 수익을 올릴 수 있는 가능성을 보았고, 1350년경에는 유럽 도처에서 맡긴 물건을 찾아갈 때 원금에 이자를 받는 상업적 전당포가 흥행하기 시작했다. 이러한 전당포는 돈이 될 만한 것이면 무엇이나 저당을 잡히고 돈을 꾸어주었는데, 오늘날에도 이들이 자신들의 상업적 로고로 사용했던 세 개의 원 표시는 유럽이나 남미 지역에서 종종 발견되곤 한다.

중세기에는 대출금에 이자를 부과하는 행위의 도덕성에 대해서 많은 논쟁이 벌어졌다. 이러한 문제에 대해서 오늘날에도 이슬람 국가들 내에서는 여전히 논쟁 중이다. 그 당시 유럽에서 이 문제에 대한 논쟁은 다음과 같이 귀결되었다. 만약 대금업자가 소규모 금액을 부과한다면 이는 이자이며 허용이 되지만 대규모 금액이 부과된다면 이는 고리대금이며 사회적으로 지탄의 대상이 된다는 것이다. 심지어 영국의 대문호 셰익스피어도 자신의 작품에서 '베니스의 상인'을 묘사함으로써 이 논쟁에 뛰어들기도 했다. 또한 당시에 많은 왕과 군주들도 전쟁 및 정치자금을 충당하기 위해 신용으로 자금을 조달하기 시작하였다. 이 경우 자금을 빌려주는 행위는 종종 비즈니스보다는 정치행위였다.

그러나 현 시점에서 신용은 더 이상 사치층이나 특권층만의 사유물이 아니고 일반소비자들이 보다 더 나은 삶을 영위하는 데 필수적인 것으로 인식

CA.

되고 있다. 따라서 소비자신용도 타 산업의 부수적 산물이 아닌 그 자체가 개별적으로 의미를 갖고 있는 산업으로 인식되고 있는데, 그 규모 또한 매년 급속히 팽창해나가는 실정이다.

소비자신용의 본질 '신용'이란 장래 어느 시점에서 그 대금을 지급할 것을 약속하고 현재의 경제적 가치를 획득할 수 있는 능력이라고 정의할 수 있다. 즉, 어떤 개인이나 기관이 그 지급능력과 성실성에 기초하여 차입이나 외상이 가능하도록 하는 적기상환의사 및 능력에 관한 신뢰라 할 수 있는 것이다. 따라서 개인 신용(Consumer Credit)은 일반적으로 자연인에 대해서 개인 또는 가계 용도의 금전, 물품 또는 용역의 제공을 목적으로 하는 모든 신용의 공여 및 공여의 알선을 지칭한다. 현실적으로 신용을 공여할 경우에는 어떤 형태로든지 간에 신용평가가 이루어지게 되는데 이는 신용을 필요로 하는 개인이나 기업에 대해서 신용상태에 영향을 주는 제반 경제적·사회적 사실을 조사하여 분석하고 이 결과를 토대로 신용도(Creditworthiness)에 관한 종합적인 판단을 내리는 것을 의미한다.

개인 신용사업에서 수행되는 주된 업무는 '신용'의 사용범위를 더욱 넓혀가는 것이라 할 수 있다. 다시 말해서 개인 신용을 가능한 한 많은 사람들이 이용할 수 있도록 하는 것이다. 신용의 사용범위가 넓어지면 넓어질수록 그만큼 더 많은 이익을 취할 수 있는 가능성이 더욱 커지기 때문이다.

원론적으로, 그 누구나 완벽하게 미래를 예측하는 것이 불가능하기 때문에 미래에 어떤 특정일에 결제할 것을 약속하는 신용의 특성으로 인해 신용의 개념에는 리스크(Risk)의 개념이 내재되어 있다. 그러므로 신용을 공여하는 측에서 취할 수 있는 최선의 선택은 불확실하게나마 미래를 예측해보고 개인의 신용사용 요청에 대해서 리스크를 추정해보는 것이라 할 수 있다. 따라서 신용공여기관은 신용을 신청하는 개인들에 대해서 어떤 리스크 수준에서 이들의 신용사용한도를 결정할 것인지를 판단해야 한다. 그러나 과거에는 수학적으로 신용분석가들이 신용신청자들의 개별적 리스크를 측정하는 것은 가능하지만 신청자의 신용 리스크에 대한 신용분석가들의 평가가 다양하기 때문에 신용공여기관의 목적에 부합되는 분석기법을 선택하는 데는 많은 어려움이 있었다.

이러한 문제는 신용신청자의 개별적 리스크에 대한 측정을 계량화시켜주는 신용평점이 개발되면서 해결을 보게 되었다. 결과적으로 신용카드사를 비롯한 신용공여기관은 어느 수준까지 신용 리스크를 수용할 것이며 이에 따른 소비자신용의 리스크를 어느 수준까지 어떤 변수와 연계시켜 가져갈 것인가에 대해서 경영상황에 따라 정책적으로 결정하게 된다.

전통적으로 신용공여기관들에 의해 가장 많이 사용되어왔던 방법은 신용의 '3C'였다. 즉 성격(Character) · 상환능력(Capacity) · 재산(Capital)인 바, 성격은 가정상황, 개인신상 및 평소습관, 지불에 대한 책임감, 책임감을 바라보는 시각, 투기적 성향, 타인의 권리에 대한 존중 등을 포함하고 있고, 상환능력은 소득과 직업으로 대표되는데 만기일에 채무를 변제할 능력을 나타내며, 재산은 신용신청자가 만기일에 상환해야 할 채무를 현금으로 변제할 수 없을 경우의 리스크에 대비한 재정능력을 말한다. 전형적으로 차입자의 부채상환능력과 재산은 신용신청자 개인의 대차대조표(Balance Sheet)와 손익계산서(Income Statement)로부터 결정되어왔다.

그러나 금융시장에서 소비자금융의 비중이 커지고 신용공여기관들이 다양화되면서 신용평가에서 '3C' 사용에 대한 의문이 제기되었다. 즉 성격 · 상환능력 · 재산의 세 요소가 상호 배타적(Mutually Exclusive)이 아니어서 명확한 구분이 불가능하다는 것이다. 따라서 상환능력에 관한 사실들로부터 성격에 관한 사실들만을 분리시키기도 쉽지 않고, 재산에 관한 사실들로부터 상환능력에 관련된 사실들을 분리시키는 것 또한 불가능하다고 할 수 있다. 그리고 현실적으로 신용조사를 통해서 얻어진 정보를 '3C' 유형으로 완전하게 분류한다는 것도 불가능하다. 왜냐하면 동일한 자료가 여러 요소에서 반복적으로 사용되고 있기 때문이다. 아울러 '3C'에 대한 직접 조사에서 신뢰할 만하고 타당한 신용평가가 이루어질지도 의문이다. 현실적으로 신용신청자가 실제보다 신용이 좋게 보이는 방향으로 잘못된 자료를 제시할 리스크도 배제할 수 없기 때문이다.

일반적으로 많이 사용되는 또 다른 신용평가방법으로서, 신용을 부채상환의지(Willingness to pay)와 부채상환능력(Ability to pay)의 함수로 나타내는 것을 생각해볼 수 있다. 부채상환능력의 경우를 살펴보면 '3C'에서의 상환능력과 마찬가지로 채무를 지불할 수 있는 충분한 소득이 있음을 의미하고 있다. 소극적으로 생각해볼 때, 이는 사실이다. 만약 어떤 개인이 소득도 자산도 그리고 이것들을 취득할 의사도 없다면 신용공여기관의 입장에서 보았을 때 그 개인에게 신용을 증액시켜 줄 수는 없게 된다. 그러나 소득과 자산을 가지고 있다고 해서 이러한 점이 자동적으로 상환능력이 있는 것으로 받아들여질 수 있는 것은 아니다. 마찬가지로 비록 신용신청자가 다른 기존의 채무가 있다 하더라도 새로운 채무에 대한 상환을 하지 않을 것이라고 말할 수는 없다. 이러한 점에서 상환능력은 신용상태를 측정할 수 있는 강력한 변수가 될 수는 없는 것이다. 상환의지 또한 일반적으로 신용조사서를 보고 사전의 채무이행이 제대로 이루어졌는지를 보는 것으로 측정하는 것인데, 어떤 방법을 통해서 상환의지를 측정할 것이냐는 점 등 실용성에 있어서는 문제의 소지를 안고 있다고 하겠다.

신용 리스크의 평가

지금까지 살펴본 대로 전통적인 방법들은 개인의 신용도를 측정하고 조사하는 데 너무 주관적이고 비체계적이어서, 실용성에 있어서 여러 가지 문제가 많았다. 따라서 이러한 문제점을 극복하기 위해 다양한 접근방법이 시도되어왔다. 이 중 가장 대표적인 접근방법이 개인에 대한 신용평가를 그 개인이 지니고 있는 신용 리스크와 연계시켜서 개발된 신용평점 시스템(Credit Scoring System)이었다. 이는 신용 리스크를 측정해서 규명된 개별적 리스크에 신용공여기관들이 적절하게 대처해나갈 수 있도록 고안된 도구라 할 수 있다.

신용카드 산업에서 회전신용(Revolving Credit)이 개발되기 전까지, 대부분 신용은 상대적으로 아주 단기적인 것이었다. 결과적으로 많은 개인들에게 신용신청서가 제출되는 시점에서의 신용공여 여부만이 유일한 신용의사결정인 것으로 간주되어왔다. 그러나 경제·사회 활동이 다양해지면서 현실적으로 한 가지 계좌에 관련해서만도 수많은 신용결정이 이루어지고 있는 실정이다. 이러한 신용결정들은 전통적인 장기신용 및 회전신용의 발전과 더불어 더욱더 현저하게 많이 사용되고 또한 중요해지고 있다.

어떤 개인이 신용신청을 할 경우에 내려지는 첫 번째 결정인 신청평점(Application Scoring)이 중요한 것은 재론할 여지가 없다. 신청평점은 원래 신용신청자에 의해서 나타날 수 있는 리스크를 평가하기 위해서 개발된 것인데, 신용평점 시스템에서 차지하는 비중은 막중하다. 평점기법에 의해 이루어지는 다른 신용결정도 계속 개발되어왔다. 그중 하나가 연체를 사후에 어떻게 추심(Collection)할 것인가를 결정하는 일이다. 역사적으로 추심기법(Collection Method)은 많은 사람들에 의해서 다양하게 개발되고 사용되어왔다. 규모가 크든 작든 간에 신용공여기관들은 현실적으로 사후관리를 전담하는 부서를 갖고 있으며 어떻게 채권추심이 이루어져야 하는지에 대한 정책도 나름대로 가지고 있다.

결국 신용결정에 있어서 가장 핵심적인 사항은 신용 리스크라 할 수 있다. 따라서 중심적인 과제는 '과연 신용 리스크가 무엇인가'에 대한 정확한 개념적(Conceptual) 및 조작적(操作的: Operational) 정의를 내리는 것이라 할 것이다. 이러한 정의를 통해서 신용결정을 내리는 데 있어서 결정기준이 되는 평점 시스템(Scoring System)은 여러 가지 형태로 다양하게 개발되어 각각의 경우에 가장 수익률이 제고될 수 있는 리스크 추정법을 제시하게 되는 것이다.

평가방법의 변화   신용산업에서 전통적으로 수행해오던 주관적 판단을 대체하기 위한 시도로서 평점을 통한 신용결정 방법은 처음에는 그다지 주목을 받지 못했었다. 그 후 수학, 컴퓨터, OR 계통의 종사자들로부터 신용평점 시스템이 추천되었으나 정작 신용산업 내의 종사자들은 이 시스템의 도입을 상당히 주저하였다. 과거 오랫동안 전통적인 판단을 통한 신용평가방법이 행해져 왔고 또한 어떤 수치를 기준으로 해서 개인의 신용을 평가한다고 하는 것이 신용산업 내 종사자들에게는 긍정적으로 보이지 않았기 때문이었다.

이러한 오해에도 불구하고 전통적인 판단에 의한 신용평가방법은 어떠한 형태로든 간에 대체되어야 한다는 주장이 지난 30여 년간 꾸준히 제기되어 왔다. 이러한 변화에 대한 압력성 주장은 여러 가지 이유에서 파생되었다. 첫 번째 그리고 가장 중요한 이유는 전통적 평가방법은 상당히 비효과적이라는 사실이라는 것이다. 판단에 의한 주관적 평가방법은 용어 자체에서도 알 수 있듯이 평가자의 주관적 판단에 의거하여 신용에 대한 의사결정이 이루어지기 때문에 일률적으로 정의를 내리기 어렵다. 다시 말해서, 주관적 판단의 전문가로 일컬어지고 있는 신용분석가들이 어떠한 과정을 통해 신용공여결정에 도달하는지를 객관적으로 설명하기가 어렵다. 결과적으로 주관적인 신용 평가방법을 제대로 배울 수 있는 유일한 방법은 소위 도제제도(Apprentice Mode)라고 하는 시스템하에서만 가능하게 되는 것이다. 그러나 이러한 방법을 수행하기 위해서는 비용이 많이 들고 신용신청자가 많이 몰려들 경우 내려야 할 의사결정이 밀리게 되기 때문에 주관적으로 판단을 하는 데 시간이 많이 소요된다는 문제가 생긴다.

이러한 주관적 판단에서도 나름대로의 규칙을 이용해서 신용결정요인을 줄일 수 있는 어떤 양상들이 생기게 된다. 예를 들면, 많은 신용공여기관들은 파산경험이 있는 신용신청자들을 받아들이지 않고 있다. 몇몇 기관은 어느 정도 수준의 소득을 갖고 있는 신용신청자에게만 신용을 제공해준다. 또한 다른 기관들은 주거지나 직장에서 최소한도의 주거 및 근속연한을 요구하고 있다. 그러나 이러한 정책적 요구사항이 충족되었다고 판단되더라도 신용사용을 승인하거나 거절하기 위해서는 다른 이용 가능한 정보를 근거로 해서 신용평가에 대한 결정을 하게 되는 것이 보통이다. 전통적인 평가방법을 통해서는 도제제도를 통해서 습득한 나름대로의 절차를 가지고 대비하지 않는한, 신용분석가가 다양한 정보를 처리하는 것은 불가능하다. 한편, 신용평점시스템은 신용신청에 대해서 정확하게 이러한 다양성을 연계시킬 수 있으며더 나아가 충분히 사용할 수도 있다. 사용된 모든 항목에 대해서 객관적으로 검증할 수도 있고, 계산에 사용된 방법론에 대해서도 충분한 검토가 이루어질 수도 있다. 또한 평점 시스템에 대한 훈련 및 교육은 직접적인 도제제도를 요구하지도 않고 간접적인 방법을 통해서도 얼마든지 사용방법에 대한 학습이 가능하다.

개인적인 판단을 정량화된 평가방법으로 대체하고자 하는 두 번째의 동기는 개인적인 분석가는 본질적으로 일관성이 없는 행동이 나올 수 있다는 인간적 특성에서 연유한다고 볼 수 있다. 인간이 나름대로의 주관적 판단을 통해서 평가 작업을 하다보면 평가시점에 따라서 신용에 대한 평가가 달라진다. 결과적으로 신용분석가가 시간이 지나면서도 동일한 방법으로 신용결정을 일관되게 내린다고 하는 것은 불가능해진다. 예를 들어, 동일한 신용분석가에 의해서 어떤 날에는 승인되었던 신용신청 건이 다른 날에는 쉽게 거절될 수도 있는 것이다. 또한 서로 다른 신용분석가들은 건전한 신용을 형성하고 있는 요인들에 대해서도 조금씩 다른 견해를 갖고 있다. 판단과정에 있어서의 이와 같은 불일치는 일관된 절차를 통해서 가능한 오류를 배제시킴으로써 극복될 수 있다. 실제적으로 신용평점표는, 동일한 신용신청 건에 대해서는 누가 취급하든지 간에 매번 동일한 평점을 산정해주고 있기 때문에 불일치하는 결과를 초래하지 않는다.

신용평가에 있어서 계량화를 할 수밖에 없는 또 다른 동기는 주관적 판단과정하에서의 정교한 관리 및 통제가 사실상 어렵다는 점에 기인한다. 시장상황에 맞추어 모든 신용공여기관은 신용공여규모를 줄이거나 늘리고 싶어 한다. 현실적으로 신용공여규모의 축소는 연체가 증가할 때 일어나게 되며, 신용공여규모의 확대는 소비자 금융시장에서 점유율을 높이고 사업기반을 확대하고자 할 때에 추구된다. 이와 같이 경제적 여건의 변화에 신속하고 정확하게 대응하기 위해서는 신용평가에 있어서 일관성 및 객관성을 유지하면서도 신용 리스크에 대한 총체적인 관리통제를 할 수 있어야 하는데, 주관적 판단을 통해서는 효과적인 관리가 어려운 것이다. 계량화된 신용평가모형을 사용할 때가 주관적으로 판단하는 경우보다 효과적이라는 사실은 실증적으로도 증명되고 있다.

2. 신용평점의 역사

신용평점의 역사는 그리 길지 않다. 신용산업 내에서 관리자들은 과거에 여러 번이나 신용평가절차를 계량화하려는 시도를 해보았지만 신용사용에 관련된 모든 자료들의 분석을 제대로 처리해줄 수 있는 컴퓨터프로그램이 개발되지 않았기 때문에 본격화될 수 없었다.

신용평점의 개념을 최초로 연구하고 실용화한 학자는 듀란드[2]였다. 미국 국가경제 연구소에 의해서 발간된 그의 연구는, 37개 금융회사들이 7,200여 명에 대해서 제출한 우량 및 불량 할부 실적을 조사 및 분석하고 있다. 듀란드는 카이스퀘어 테스트를 이용해서 우량고객과 불량고객을 의미 있게 판별해줄 수 있는 변수들을 확정하고 대출 신청자들 가운데서 우량고객을 불량고객과 차별화시키는 데 얼마나 효과적인지를 보여주도록 고안된 '효율성 지표(Efficiency Index)'를 개발하였다. 이 연구에서 그는 신용평점모형을 만들기 위해 판별함수(Discriminant Function)를 사용하였다. 그 후 월버스[3]에 의해 전국적인 백화점 체인 고객에 대한 신용평가모형이 개발되었다. 월버스는 이 연구를 통해 1차 표본에서 평점비중(Rating Weight)을 결정한 후 그 결정된 비중을 2차 표본에 적용시킴으로써, 우량고객을 약간 잃더라도 신용에 따른 손실을 7%나 줄일 수 있음을 실증적으로 보여주었다.

칼레튼과 러너[4]는 소비자금융을 취급하는 금융회사들의 자료를 이용해

---

2) Durand, David(1941), *Risk Elements in Consumer Installment Financing*, Financial Research Program, Studies in Consumer Installment Financing, 8, New York: National Bureau of Economic Research.

3) Wolbers, H. L.(1949), "The Use of the Biographical Data Blank in Predicting Good and Potentially Poor Credit Risks," *Journal of American Statistical Association*, 628~635.

서 분석해본 결과, 신용평가모형을 사용할 경우 우량고객의 감소 없이 신용에 따른 손실을 6%나 줄일 수 있음을 보여주었다. 이 연구는 1950년대에 사용된 대부분 연체되었던 계좌들을 추적하면서 개발된 평점표에 기반을 두고 있다. 평점표에서 선정된 변수들과 배정된 가중치들은 기본적으로 주관적 판단에 의한 것이었다. 그러나 이러한 변수 및 가중치들은 신용공여 의사결정 과정에서 일정수준의 일관성과 예측 가능성을 보여주고 있다. 신용 포트폴리오가 급속하게 확산되면서 이러한 평점제도는 신참 신용분석가들의 주관적 판단보다는 상대적으로 적중률이 높았던 것으로 나타났다.

이러한 방법들은 점수배정(Point Assignment)을 결정하기 위해 통계적 방법들을 사용했지만, 대개는 한 번에 한 개의 특성변수만을 사용하고 시행착오에 근거해서 신용 리스크를 측정하였다.[5] 1960년대 초에 이르러 컴퓨터의 발전과 더불어 계산능력이 향상되면서 난해한 계산도 쉽게 처리할 수 있게 되어 신용평가모형의 개발도 본격화되었다. 이에 따라 신용신청자의 과거 자료로부터 우량고객과 불량고객을 가장 잘 판별해낼 수 있는 특성변수들이 선정되었고, 선정된 특성변수 내에서 여러 가지 수준(Level)에 대한 평점배정 방법도 보다 더 통계적으로 유의하게(Significantly) 결정되게 되었다.[6]

일반적으로 신용평점 시스템을 개발하기 위한 기본적인 절차는 금융회사가 갖고 있는 과거 자료를 통해 우량고객 및 불량고객을 선별하는 데서부터 시작되는데, 이와 관련해서 과거 신용이 양호한 고객과 불량한 고객들의 특성

---

4) Carleton, W. T. and Edward M. Lerner(1957), "Statistical Credit Scoring of Municipal Bonds," *Journal of Money, Credit and Banking*, 750~764.

5) Myers, James H. and Edward W. Forgy(1962), "The Development of Numerical Credit Evaluation Systems," *Journal of American Statistical Association*, 799~806.

6) Capon, Noel(1982), "Credit Scoring System : A Critical Analysis," *Journal of Marketing*, 46(Spring), 82~91.

〈표 2-1〉 신용평가를 위한 특성변수들

• 연령	• 직장근속년 수 합계	• 결혼 여부
• 기타 수입 여부	• 자녀 수	• 은행 계좌 종류
• 기타 부양가족 수	• 보유 차 담보 여부	• 최근 이사 여부
• 보유 차 종류	• 주차장 소유 여부	• 동산 소유 여부
• 주택 보유 여부	• 과거 최고 신용금액	• 직업
• 신용조회 건수	• 맞벌이 부부	• 조회결과 불량회신 건수
• 월수입 합계	• 조회결과 우량회신 건수	

자료: Capon, Noel(1982), "Credit Scoring System : A Critical Analysis," *Journal of Marketing* Vol(46), p. 85.

분석을 기초로 하여 신용평가에 유용하게 이용될 수 있는 특성변수들이 선정된다(〈표 2-1〉 참조). 이러한 특성변수들을 보다 더 잘 규명하기 위해서 회귀분석이나 판별분석과 같은 다중통계기법(Multivariate Statistical Techniques)이 이용되는데, 특성변수들은 대개 8개에서 12개 정도가 사용되고 있다.[7][8] 일반적으로 고객들에 대한 신용평가는 신용사용 신청서에 나타난 개인의 신용정보항목에 수치로 비중을 부여하고(예; 기혼자 10점, 미혼자 2점 / 자가 20점, 전세 5점), 각 항목에 부여되는 점수를 합산해서 신청자의 총점을 구한 뒤, 이 총점을 상환잠재력에 대한 측정치로 사용하는 방법을 통해서 이루어진다(예: 총점이 높을수록 채무상환을 신속하게 하고자 하는 경향이 그만큼 더 높다고 판단). 또한

---

7) Chatterjee, Samprit and Seymour Barcum(1970), "A Nonparametric Approach to Credit Scoring," *Journal of American Statistical Association*, 65 (March), 150~154.

8) Long, Michael S.(1976), "Credit Scoring System Selection," *Journal of Financial and Quantitative Analysis* (June), 313~328.

이러한 평점은 평가기준에 따라서 여러 가지 방식으로 계산될 수 있는 바, 단일 분리판정점(Single Cut-off) 방식에서는 신용사용 신청인의 총 평점을 이 판정점수와 비교하여 총 평점이 크면 신용사용승인이 이루어지고 총 평점이 작으면 기각된다.

더욱 복잡한 신용평점 시스템은 2단계 과정을 거치는데, 여기서는 신용사용을 신청한 고객의 총 평점이 2개의 분리판정점과 비교된다. 만약 총 평점이 2개의 분리판정점 중 높은 판정점보다 높을 경우 신용사용 신청은 자동적으로 승인되며, 낮은 판정점보다 더 낮은 경우 신용사용 신청은 자동적으로 기각된다. 만약 총 평점이 2개의 분리판정점 중간에 있게 되면 평가자는 또 다른 신용정보를 추가해서 판단을 하게 된다. 분리판정점을 결정할 때 각 금융회사는 제1종 오류(Type I Error)와 제2종 오류(Type II Error)사이의 균형점(Trade-off)과 관련된 상환 및 연체 확률을 근간으로 판단을 한다. 신용사용승인에 대한 판정점이 높으면 높을수록 제1종 오류(연체를 하게 될 고객에게 신용사용승인)는 그만큼 작아지고, 신용사용 신청의 기각에 대한 판정값이 낮으면 낮을수록 제2종 오류(제대로 상환할 수 있는 고객에게 신용사용 신청 기각)는 그만큼 작아진다. 따라서 신용사용 신청 승인에 대한 성공률은 높이면서(낮은 제1종 오류) 잠재적 우량고객에게 제대로 대출을 하기 위해서는(낮은 제2종 오류) 각 특성변수의 상호작용효과(Interrelationship)를 정확히 측정하여 이를 최소화할 수 있는 요소들의 결합 형태를 찾아내고 이에 따라 평점표를 개발하는 것이 가장 핵심적인 부분이 된다.[9] 그리고 강력한 평점표의 개발은 우량·불량 고객집단을 최대한 구별해서 양 집단 간에 분산을 극대화시키는 시스템을 찾는 데 있다고 할 수 있다.[10]

9) 이명식(1998), 「금융 마케팅에서 신용특성을 이용한 신용 리스크 모형의 유용성에 관한 실증적 연구」. ≪경영학연구≫, 27(3), 631~659쪽.

신용평점 시스템의 가시적 효과로서는 불량채권의 감소 또는 그 반대급부로 인한 대출 승인율을 높여서 금융 마케팅을 활성화시킬 수 있다는 점을 가장 먼저 들 수 있다. 또한 잠재적으로 다음과 같은 효과도 있다. ① 신속하고 일관된 의사결정, ② 신용승인 시스템의 총체적 관리 가능, ③ 자동화가 용이한 효율적 업무수행, ④ 신규대출 담당자의 심사능력 향상을 위한 교육 용이, ⑤ 사회적·경제적 여건 변화에 신속하고 정확하게 대응할 수 있다는 점이다.[11]

아울러 주관적 심사기법인 판단(Judgement)과 비교해보았을 때 유사점으로는 동일한 대상에 대한 신용공여 여부의 평가, 과거 경험에 근거한 동일한 정보의 이용, 그리고 대출 승인/기각의 의사결정 등을 들 수 있으나, 차이점으로는 일관성 및 객관성 유지, 과거 경험 및 자료를 최대한 활용, 관리통제 가능, 생산성 향상, 그리고 정확한 신용 리스크율 평가 등을 들 수 있다.[12]

특히 그래드스트롬[13]은 신용 리스크 관리를 효과적으로 수행하기 위해서 은행에서 지켜야 할 7가지 원칙을 제시하고 있다. 첫째는 균형 잡힌 신용정책(A Balanced Credit Policy)이다. 둘째는 신용평가과정에 참여하는 전 직원이 인식할 수 있는 분명하게 정의된 리스크 등급체계(A Clearly Defined Risk Rating System)이다. 셋째는 시의적절한 리스크 평가의 적용(Timely Application of Risk

---

10) Eisenbeis, Robert A.(1978), "Problems in Applying Discriminant Analysis in Credit Scoring Model," *Journal of Banking and Finance*, 205~219.

11) Altman, Edward and Robert Haldeman(1995), "Corporate Credit-Scoring Models: Approaches and Tests for Successful Implementation," *Journal of Commercial Lending*, May, 10~22.

12) 이명식(1998), 「고객가치평점모형을 이용한 금융 마케팅의 개념적 틀: 신용평점모형의 확장을 통해서」 한국경영학회 춘계학술발표대회 발표논문집, 330~334쪽.

13) Gradstrom, John(1996), "Seven Characteristics of an Effective Credit Risk Management System and How to Test Them," *The Journal of Lending and Credit Risk Management*(December), 55~60.

Rating)이다. 넷째는 신용이 정상에서 불량으로 전이할 때 효과적인 조기경보 리스크 평가의 활용(Use of Early Warning Risk Rating)이다. 다섯째로는 대출심사역의 신용 리스크 관리과정에서의 효과적인 참여(Effective Loan Officer Participation)를 들 수 있고, 여섯 번째로는 대출심사역의 독립적인 신용평가(Independent Credit Review)를 생각해볼 수 있다. 마지막은, 이미 발생한 회수불능 대출 건으로부터 무엇인가 배워야 한다는 것이다(Learning from Charged-off Loans).

실무적으로 볼 때, 신용평점실용화의 개척자는 미국 스피겔(Spiegel)사의 경영자인 헨리 웰즈였다. 그는 제2차 세계대전 동안 그 회사의 신용분석가들이 근무 중에 사용할 수 있는 신용평점 시스템을 구축했으며, 이를 신용사업에 경험이 없는 사람도 사용할 수 있는 모델로 개발하였다. 그가 사용한 통계기법은 오늘날 통계기법과 비교해보았을 때 극히 초보적인 것이라 할 수 있다. 1950년대 접어들면서 신용평점모형 및 방법론에 대한 연구는 계속 이루어져 왔고, 특히 페어 아이작(Fair Isaac) 회사가 이 분야에 뛰어들면서 신용평점 시스템에 대한 실용화 사업은 본격화되었다. 평점표 개발에 사용되는 기본적인 방법이 고안된 이후, 초기 개발자들의 첫 과업은 신용산업종사자들의 인정을 획득하는 것이었다. 이는 물론 단순한 일은 아니었다. 전통적이고 주관적인 신용평가방법이 이들에게 너무 깊숙하게 뿌리박혀 있었기 때문이었다. 그러나 평점표 사용에 대한 신용산업종사자들의 회의론이 상존하는 가운데서도 현재 미국 신용공여기관의 대부분은 어떠한 형태로든지 신용신청에 신용평점을 관련시켜서 신용평가를 수행하고 있다.

신용평점을 소개하는 과정에서 초창기 개발자들의 많은 노력은 주로 금융회사를 대상으로 이루어졌다. 이는 평점 시스템을 개발하는 입장에서 보았을 때, 신용공여시장에서 금융회사들이 양적으로 많았을 뿐만 아니라 신용에 대한 관리 및 통제문제가 특히 심각했기 때문이다. 금융회사 다음으로 신용평점 시스템을 많이 채택한 산업분야가 백화점을 비롯한 소매점 체인이었다. 이 중 대표적인 백화점이 몽고메리워드(Montgomery Ward)인데, 잘 알려진 대로 수백만 명의 신용소비자를 가지고 있는 연고로 매년 신용계좌를 개설코자 하는 신청자들이 몰려들면서 결국 신용평점 시스템을 도입하게 되었다. 1960년대 중반에 접어들면서, 몽고메리워드의 대규모 지점들은 각기 자체적으로 신용사업부를 갖게 되었다. 그리고 전표처리의 중앙컴퓨터장치가 점차적으로 설치되면서 본부에서 중앙 집중적으로 처리되는 신용평가가 가능하게 되었다. 이와 같은 중앙집권화는 지점 차원에서 받아들여질 수 있는 전통적인 방법보다 신용공여 여부에 대한 훨씬 더 빠른 결정을 요구하게 되었다. 따라서 자연히 몽고메리워드는 신용평점제도를 사용하기 시작했던 것이다. 그 후 메이시(Macy's), 짐벨(Gimbel), 블루밍데일(Bloomingdale), J. C. 페니(Penny) 등 많은 백화점 체인들이 몽고메리워드를 따라서 기본적인 관리시스템으로서 신용평점 시스템을 채택하게 되었다.

이들 백화점계의 뒤를 이어 주유소계 카드가 대량으로 발급되었는데, 이들은 신용절차에 대해서 보다 더 심각하게 신용 리스크 발생 가능성을 생각하게 되었으며 평점을 이용한 신용의사결정의 가능성을 중요하게 평가하기 시작하였다. 그리고 오래지 않아 거의 대부분 주유소계 카드들은 기본적인 관리시스템으로서 평점 시스템을 사용하게 되었다.

신용카드업계의 경우를 살펴보면, 여행 및 오락카드를 발행하고 있는 아메리칸 익스프레스, 다이너스클럽, 카르트 블랑슈 등도 일찍이 평점제도의 가능성을 타진한 후 이를 사용하게 되었다. 비자나 마스터카드는 은행들 간 신용카드 사업경쟁이 치열해지면서 그들 스스로 신용카드를 발급하거나 신용을 확장하는 일을 하지 않게 되었고 단지 은행을 비롯한 금융회사들에게 승인만 해주는 시스템으로 영업을 하게 되었다. 따라서 소비자들은 동시에 많은 금융회사를 대상으로 신용카드를 신청할 수 있게 되었다. 이러한 현상은 합리적으로 이 모든 신청들을 처리하는 데 카드발행 금융회사들에게 상당한 부담으로 작용하였다. 단순히 전통적인 신용평가방법으로는 이와 같이 많은 신청 물량에 제대로 대처할 수 없었기 때문이었다. 이러한 점은 주요카드발행기관들이 신용의사결정의 과정을 신속하게 처리하기 위해 평점사용을 적극적으로 활용하는 결정적 계기가 되었다.

다른 신용공여기관들도 그 추세를 따랐다. 항공사들도 여행카드를 발급하는 데 평점을 사용하기 시작했고 자동차할부회사들도 마찬가지로서, 특히 1979년에 신용평점 사업 분야로 진입한 제너럴모터스(GM)의 판매 딜러 전문 금융 서비스 회사인 GMAC가 유명한 예라 할 수 있다. 1980년대 말에 이르러서는 신용신청에 대한 신용평점은 완전히 정착된 신용평가의 필수 과정으로 인식되었으며 대형 신용공여기관뿐 아니라 많은 소규모 신용공여기관 또한 신용평점 시스템을 사용하게 되었다.

신용평점의 법적·사회적 과제

1. 신용평점 사용의 타당성

신용평점의 개념을 최초로 이론화하여 실무에 접목시킨 사람은 앞에서도 언급한 바대로 데이비드 듀란드였다. 1941년에 미국 국가경제연구소에 의해서 발간된 그의 연구는 37개 회사가 7,200명에 대해 제출한 우량 및 불량 할부실적을 조사·분석하고 있다. 듀란드는 카이스퀘어 테스트를 이용하여 우량고객과 불량고객을 의미 있게 판별할 수 있는 변수들을 확정하고 대출신청자 가운데서 우량고객을 불량고객과 차별화시키는 데 얼마나 효과적인지를 보여주도록 고안된 '효율성지표(Efficiency Index)'를 개발하였다. 다음으로 그는 신용평점모형을 만들기 위해 판별함수(Discriminant Function)를 사용하였다. 그러나 당시에는 듀란드에 의해서 채택된 통계적 방법론이 광범위하게 실용화되지 못하였다. 그도 인정한 대로 "그 공식이 기반을 둔 이론적 고찰들은, 그 공식을 결정한 방법들과 마찬가지로, 전문가를 제외하고는 너무나 복잡해서" 어느 누구에게도 이해시킬 수 없었기 때문이었다.

초창기에 신용평점을 최초로 사용한 기관은 당시의 대규모 소매체인인

스피겔(Spiegel)사였다. 하우스홀드 금융회사(Household Finance Corp.: HFC)
도 듀란드의 이론 및 기술을 실제화하려고 시도한 또 다른 기업이었다. 당시
하우스홀드 금융회사의 사장인 원더럭 씨는 심리학 전공 덕택에 통계학에
아주 조예가 깊었다. 그는 1946년 신규 대출신청자들을 평가하기 위한 '신용안
내평점(Credit Guide Score)'을 개발하였다. 이 평점을 이용해서 신용평점과
신용손실과의 관련성을 증명해 보인 후, 실제 결과로부터 나온 이러한 수치들
은 신용평점에 대해 회의적인 사람들에게 신용안내평점(Credit Guide Score)이
어떠한 개인대출에도 리스크 정도를 일관성 있게 지적해줄 수 있고 정확하게
평점을 산출해낼 수 있는 유용한 도구라는 사실을 결정적으로 증명해 보인다
고 주장하였다.

　　1950년대에 사용되었던 대부분의 신용평점 시스템은 연체되었던 계좌를
추적하면서 개발된 평점표에 기반을 두고 있다. 선정된 변수들과 배정된 가중
치들은 기본적으로 주관적 판단에 의한 것이었다. 그러나 이러한 변수 및 가중
치들은 신용공여 의사결정에서 어떤 일관성과 예측 가능성을 줄 수 있어야
하는 것들이었다. 신용 포트폴리오가 급속하게 확산되면서 이러한 평점 시스
템은 신참 신용분석가들의 주관적 판단보다는 상대적으로 적중률이 높았다.

　　여러 가지 장애와 반대에도 불구하고 신용공여기관들은 경제적 효율성
때문에 통계적으로 파생되고 실증적으로 분석되는 신용평점을 받아들이지
않을 수 없게 되었다. 제2차 세계대전 이후 소비자 할부금융에서의 급속한
수요성장으로 신용신청자들을 심사하기 위한 숙달된 전문요원의 공급은 훨씬
모자라게 되었다. 신용사업이 대형화되면서 신용평점 시스템을 개발하는 사
업은 더욱더 경제적이 되어야 했다. 그러나 무엇보다도 신용평점 시스템의
실용화에서 획기적인 일은 컴퓨터가 일반화되면서 신용평점 시스템을 개발하
는 데 필요한 난해한 계산을 쉽게 처리하게 되었다는 점을 들 수 있다. 따라서

1960년대 후반 및 1970년대 초반 동안 경제적 필요와 컴퓨터의 기술개발이 함께 맞물리면서, 실증적 평가방법에 기초를 둔 신용평점 시스템들이 다수 개발되었으며 점차적으로 업계에서의 사용도 보편화되기 시작했다.

2. 신용평점에 대한 비판적 시각

비인간성(Impersonal) 수치를 이용한 평가시스템으로서 신용평점은 냉정하고 지극히 비인간적으로 소비자들을 다루고 있다. 소비자 입장에서 보면 '인간으로서 나를 취급해달라'고 하는 말이 나올 법한 것이다. 특히 자연인으로서 자신을 취급하지 않고 어떤 특정그룹에서의 구성멤버로서 취급당하는 데 대해서는 소비자들의 불만은 대단히 높다. 신용평점에 있어서 이러한 지적은 아주 심각하다고 할 수 있다. 왜냐하면 신용평점은 개인의 신용도(Creditworthiness)를 평가하는 것이 아니고 단지 특정 그룹의 사람들과 관련된 리스크의 평가일 뿐이라고 대다수의 소비자는 생각하고 있기 때문이다. 따라서 어떤 사람이 개인적으로 지불이행에 대해서 아무리 엄격하다고 하더라도 만약 특성상 신용 리스크 불량그룹에 포함된다고 하면 그 또한 그렇게 취급받을 수밖에 없도록 되어 있는 것이다.

그러면 신용평점을 사용하고 있는 신용공여기관의 입장에서는 이러한 비판적인 시각을 어떻게 극복할 수 있을까? 먼저, 신용공여기관들은 소비자에게 신용분석가와 마주 앉아서 신용신청서 및 제반 관련서류를 앞에 놓고 그들의 재정 상태나 신용의지를 의논한다는 일은 바쁜 현대생활에서 개인적으로 원하는 바가 아닐 것이라는 사실을 인식시켜 줄 필요가 있다. 소비자들의 실제적 관심사는 단순히 어떤 한 그룹의 구성원으로 취급받는 문제가 아님은 물론, 적절한 신용분석의 혜택을 받지 못하는 것도 아니기 때문이다. 이러한 소비자들의 비판적 인식을 바탕으로, 수많은 신용사용 신청자에 비해 숙련된 신용분석가가 절대적으로 부족하여 신용사용승인을 위한 개인적인 면담은 가능하지 않다는 점을 소비자들에게 주지시킬 필요가 있다. 또한 비록 신용공여기관들이 이와 같은 능력을 갖추고 있다 하더라도 신용분석가들을 통한 평가서비스는 비경제적이 될 것이다. 왜냐하면 그 비용이 소비자들에게 전가되는 것인데 소비자들은 그 비용을 수용하려 들지 않을 것이기 때문이다.

그러나 보다 적절한 설명은, 소비자들이 신용평점 시스템에 의해 평가될 경우는 주관적 판단에 의해 추상적으로 평가되는 경우보다 각각 특성이 있는 개인들로 취급받게 된다는 점을 지적하는 것이다. 즉, 신용평점 시스템은 수많은 신용신청자들을 일정요건에 의해 심사하여 인간적인 판단을 사용했을 때보다도 다양한 신용 리스크 그룹별로 객관적으로 분류할 수 있도록 해주고 있다. 일반적으로 말하기를, 사람이나 사물을 5~6개 이상의 하위 그룹으로 일관되게 순위 매김을 하는 것은 매우 어려운 작업이라고 한다. 예를 들어 만약 100명의 사람들이 한 명씩 문을 통해 걸어 나갈 때, 그들을 어떻게 정확하게 눈으로 측정해서 아주 키가 큰 사람, 큰 사람, 보통, 작은 사람, 아주 키가 작은 사람 등 5개 이상의 그룹으로 분류할 수 있겠는가? 이와 비교해볼 때 신용평점 시스템은 수천 명의 신용신청자들을 100개 이상의 그룹으로도 분류할 수 있으며, 이러한 점에서 인간의 주관적 판단을 이용할 때보다도 신청자들을 보다 더 개별적으로 취급할 수 있게 되는 것이다. 다만 신용공여기관들이 신용사용 신청서에 의해 제공된 정보를 가지고는 전혀 평점화할 수 없는 상황에 처하게 될 때, 신용신청자들을 어떤 그룹의 일원으로 평점을 부여하지 못하는 경우가 발생하게 된다. 만약 신용공여기관들이 주거기간, 재직기간, 주택소유 여부 등과 같은 변수들을 사용할 수 없을 경우 신용사용 신청자들을 이러한 특성에 따라서 분류할 수 없다. 차라리 그룹 특성에 의존하기보다는 신청자들을 개인 그대로 취급하게 된다. 즉, 그들은 그 신청자의 과거 지불행태에 의존할 수밖에 없는 것이다. 따라서 만약 과거 지불행태가 양호하면 신용신청자의 신용사용은 허가되며 그렇지 않다면 거절당할 수밖에 없다.

이러한 점에서 신용평점에 대한 비판적 시각은 늘 존재해왔었고, 이러한 비판적 시각을 가진 사람들의 의견은, '사실상 구체적으로 어떤 특정 개인에게 적용되지 않는 통계자료를 어떻게 신용공여기관들이 사용하게 되었는지 정말 알 수 없다'는 것이었다. 어쨌든 이러한 상황에서도 각 소비자들은 신용을 사용할 기회를 갖게 되었고 신용평가에 대한 향후 접근방법도 과거의 지불행태실적에 보다 더 큰 비중을 두게 될 전망이다.

신용평가에 대한 이러한 강력한 추세에도 불구하고 과거의 실적에 근거한 접근방법에 대한 반박은 여러 면에서 나오고 있다. 첫째로, 과거의 지불기록과 미래의 신용실적 사이에는 일반적으로 평가되는 것만큼의 강력한 인과관계가 있지 않다는 점을 들 수 있다. 세계적으로 유명한 신용평점 시스템 컨설팅 회사인 페어 아이작의 사장인 윌리엄 페이 씨는 '신용카드 규제'를 조사하는 하원위원회에 출두하여 이렇게 증언한 적이 있다: "아무리 신용평가요소들을 완전하게 만족시켰다 하더라도 약 80% 정도의 신용신청자가 신용사용 중 연체를 경험하게 된다는 사실은 전혀 이상스러운 현상이 아니다. 마찬가지로, 비록 과거 지불행태에 있어서 여러 가지로 불만족스러웠다 하더라도 일정 시점 이후 계속해서 양호한 신용상태를 보이고 있는 점 또한 이상한 일이 아닌 것이다. 왜냐하면 과거의 신용실적은 유용하기는 하나 미래 실적을 예측하는 유일한 결정 요인은 아니기 때문이다."[1]

둘째로, 실증적으로 분석되어 과거 지불행태와 유의한 상관관계가 있는

---

1) Capon, Noel(1982), "Credit Scoring System : A Critical Analysis," *Journal of Marketing*, 46 (Spring), 82~91.

것으로 판단된 변수들을 신용공여기관에서 반드시 사용하는 것은 아니라는 것 또한 반소비자적(Anti-Consumer)이라 할 수 있다. 왜냐하면 이러한 변수들이 사용되어 만들어진 평점 시스템에 의해 제시된 판별력이 크면 클수록 그만큼 더 신용공여기관들이 제1종 오류나 제2종 오류를 피할 수 있게 되어 소비자들 또한 정당한 대우를 받을 수 있으나, 이러한 변수들이 빠지게 되면 소비자들을 제대로 평가할 수 없기 때문이다. 일반적으로 일관성 없이 판단했을 때는 우량고객을 보다 많이 불량고객으로 처리할 수도 있고 불량고객을 보다 쉽게 우량고객으로 받아들일 가능성도 크다.

내용타당성(Face Validity) 신용평점 시스템에 대한 또 다른 비판적 시각은 평점제도하에서 사용되고 있는 각 변수들과 신용실적 사이에는 확실하고 믿을 만한 관련성이 있어서 합리적인 설명이 뒷받침되어야 한다는 점이다. 신용평점 시스템 연구 분야에서 유명한 케이폰 교수는 이러한 견해에 대한 강력한 지지자인데, 그는 이론적으로 신용실적과 어느 정도의 통계적인 관련성을 가질 수 있는 특성들을 정말 '순수한(임의성이 없는)' 해석관련성을 가질 수 있는 특성들과는 구분하려 한다. 여기서 말하는 해석상 특성이란 예상되는 신용실적과 확실한 인과관계(Clear Causality)를 갖고 있는 변수들을 말하는 것이다. 따라서 해석적 관련성을 갖고 있는 변수들을 신용평점에 사용해야 된다는 것이다.[2]

그러나 실제적으로 신용평점 시스템을 개발하는 많은 사람들은 '순수'하지는 않지만 통계적으로 신용실적과 관련되어 보이는 변수들을 이용하고 있다. 이러한 면에서 케이폰 교수는, 집의 소유형태라든지 금융회사에서의 부채

---

2) Ibid.

상환, 자동차 사용 연한, 직업 등과 같은 변수를 사용하는 데 따른 내용타당성에 의문을 표시하면서, 한편으로는 '순수한' 해석적 관련성을 갖고 있는 변수들이 신용평점에서 보이고 있지 않다고 지적하는데, 이는 신용평점 시스템을 개발하는 사람들이 그 변수들과 신용실적 사이에서 통계적으로 유의한 관련성을 제대로 찾아내지 못하고 있기 때문인 것으로 해석된다. 그는 오히려 소득, 부채, 생활비 등과 같은 변수에서 '순수한' 해석적 관련성이 있지 않을까 추정하고 있다. 케이폰 교수는 또한 현 거주지에서의 주거 기간이나 현 직장에서의 재직기간 등과 관련된 배점이 '합리적'인 패턴을 보이고 있지 않는 데 대해서도 우려를 표시한다. 예를 들면 그가 조사한 어떤 신용평점 시스템은 6개월 미만의 재직기간에 대해 30점을 부여한 반면 6개월에서 17개월 사이의 재직기간에 대해서는 보다 낮은 24점을 부여하는 것으로 나타났기 때문이다.[3]

케이폰 등과 같은 학자들에 의해 제시된 신용평점 시스템에 대한 이러한 비판적 시각에 대해서 신용공여기관들의 대응은 꽤 직선적인 것처럼 보이고 있다. 즉, 신용공여기관들이 사용하고 있는 평점 시스템은 수학적 인과성(Causality)에 대해서 전혀 가정을 하고 있지 않다는 것이다.[4] 사실상 이러한 절차를 사용할 때 신용평점개발자들은 인과적 관계보다는 단지 '연관성(Association)'이라는 측면에서 조심스레 접근하고 있는 실정이다. 왜냐하면 각 변수와 신용실적 사이에서의 인과성을 제대로 규명해내는 것은 현실적으로 매우 힘든 일이기 때문이다. 앞의 예에서 보았듯이, 재직기간에 배정되는 점수 패턴에서와 같은 기이함이 나오게 되는 것은 고도의 공선성(Collinearity) 문제에서 기인하는 것 같다. 다시 말해서, 인과성도 있을 수 있지만 그것보다는

---

3) Ibid.

4) Miller, Barry(1994), "Cause-and-Effect Ratio Analysis Adds Decision-Making Value to Credit Scoring Models," *Business Credit* (February). 27~29.

단순한 모형을 이용해서 인간의 심리를 파악하기에는 인간 자체가 너무 복잡하다는 의미이다.

그러나 인과성이나 연관성을 제대로 이해할 수 없다고 해서 해석적이지 않은 것처럼 보이는 변수들을 사용하지 말라는 의미는 아니다. 예를 들어 사람들은 감기에 걸렸을 때 감기약이 어떻게 인체에 작용하는지 정확히 알지 못하면서도 실제로 감기약을 사용하지 않는가? 따라서 현실적으로 신용평점 시스템 개발업계에서는 '순수한' 것으로 받아들여지는 인과관계를 보여주기 위해 이론적으로 너무 깊이 들어가는 것은 오히려 평점을 개발하는 데 드는 비용을 상승시키고 효율성을 떨어뜨린다는 견해가 지배적이다. 어느 분야에서든지, 특히 연구 분야에서는 투입요소에 대한 산출요소의 평가, 즉 효율성이 상당히 중요하게 평가되나 오히려 평점개발 실무에 종사하는 사람들의 견해는 상대적으로 아주 단순하다. 평점프로그램에 포함된 변수들이 실증적으로 제대로 작동하는 것으로 분석되었다면 그 변수들을 실무에서 그대로 사용하면 된다는 것이다. 분명한 사실은, 이러한 원칙은 후속단계에서 입증될 수 있는 변수들의 수를 제대로 찾아내고 그 숫자를 제한할 수 있도록 변형되어야 한다는 것이다. 이러한 제한 속에서 우량고객의 평균점수와 불량고객의 평균점수의 차이를 가장 극명하게 보여줄 수 있는 변수나 변수들의 집합을 찾아야 할 것이다.

차별화(Discrimination)　　신용평점 시스템을 개발하는 데 있어서 사회적으로 위화감을 줄 수 있는 변수들, 예를 들면 성(性), 인종과 같은 변수들은 제외되어야 한다. 국내에서도 「남녀고용평등법」을 시행하고 있듯이 미국 등 금융선진국에서는 이미 이러한 사실들을 입법화하고 있다. 그러나 이러한 이슈의 핵심사항은 어떻게 '차별화'를 정의할 것이냐에 달려 있다. 현실적으로 신용허용, 생명보험이나 화재보험에서의 요율산정, 우수고객설정 등 모든 금융거래에서는 실제적으로 차별화가 행해지고 있다. 어떤 고객들은 우대고객으로 특별대우를 받고 있고 또 다른 고객들은 그렇지 못한 실정이다. 실제로 미국에서는 1972년 「동등신용기회법(ECOA: Equal Credit Opportunity Act)」이 입법되면서 신용사용에 있어서 차별화가 적어도 명목적으로는 존재하지 않는다. 그러나 현실적으로 신용기회의 차별화가 존재한다는 우려가 점차 고조되어가고 있다. 왜냐하면 공인된 많은 변수들이 내재적으로 사용이 금지된 변수들과 상당히 높은 상관관계를 유지하고 있기 때문이다. 최근에는 보험업계에서도 신용도가 낮은 개인에게는 보험상품을 판매하지 않는 현상이 벌어지고 있다.

원래의 법 취지를 살리기 위해서 미국 의회는 1976년 수정안을 통과시켰으며 공공기관으로부터의 생활보조와 「소비자보호법」하에서의 과거 행태기록 등을 사용금지 변수집단에 추가시켰다. 1989년 ≪위치≫(*Which*)지 7월호를 보면 '신용은 어디에서 이루어져야 하나?'라는 제목으로 다음과 같은 기사를 게재하고 있다.

신용평가 시스템은 여전히 '간접적인 차별화'를 행하고 있는 듯하다. 예를 들면, 어떤 여성은 시간제로 일한다고 하는 이유 하나만으로 신용신청이 기각되었다고 한다. 만약 시간제라고 하는 변수가 낮은 신용점수를 받는다면 여성에 대한 '간접적인 차별화'는 더욱 누적될 것이다. 왜냐하면 대다수의 시간제 일은 여성의 몫이니까 말이다. 동등기회위원회(Equal Opportunity Commission)는 주요 평점개발컨설팅회사들에 대해서 간접적으로 차별화시키지 않는 평점표를 만들 것을 권고하고 있다.[5]

그러나 이 점에 대해서 생각해볼 때, 현재 신용평점 시스템에서 사용되고 있는 상당수의 변수가 사용금지 변수와 상관관계가 있음을 쉽게 발견하게 된다. 여성은 남성에 비해 집을 소유하지 않고 전세나 월세로 살 가능성이 더 많다. 소매점에서의 파트타임 점원 또한 여성이 많다. 이 경우에 여성 신청자는 남성 신청자보다 작은 신용점수를 받게 된다. 성차별이 없다고 하는 현행 신용평점 시스템은 점점 남성 위주가 되어가는 것이다.

이러한 명백한 '간접적인 차별화'에 대한 한 가지 접근방법은 신용공여기관들이 여성 신청자를 남성 신청자와 같은 비율로 수용하도록 신용평점 시스템에 수정을 가하는 것이다. 그렇지 않다면 어떠한 신용평점 시스템도 여성 신청자와 남성 신청자의 수용비율 차이로 인한 효과 때문에 계속 '차별적'이라는 말을 피할 수 없게 될 것이다. 그러나 에이버리 교수가 시뮬레이션을 이용하여 연구한 결과에 따르면 이렇게 차이가 나는 효과를 이용한 접근방법은 불량고객에 대해서는 보다 더 높은 수용률을 보이며 우량고객에 대해서는 상대적으로 낮은 수용률을 보이고 있어 덜 정교하고 보다 더 비용이 많이 드는 신용평가과정을 산출하는 것으로 나타나고 있다.[6]

이를 대체하기 위한 또 다른 연구는 챈들러와 이워트에 의해서 행해졌는데, 이들은 신용신청에서 기각된 그룹, 연체 그룹, 우량고객 그룹으로 구성된 2,000명의 신용카드 신청자를 이용하였다.[7] 이 연구에서는 4개의 신용평점모형들이 개발되었다. 모형 I은 「동등신용기회법」과 그 내용이 완전히 일치하도

---

5) *Which*(1989), "Credit Where It's Due," July, 317.

6) Avery, Robert B.(1981), "Indirect Screening and the Equal Credit Opportunity Act," *Research Papers in Banking and Financial Economics,* Board of Governors of the Federal Reserve System, Washington, DC.

7) Chandler, G. C and D. C. Ewert(1976), "Discrimination on Basis of Sex under the Equal Credit Opportunity Act," Credit Research Center, Purdue University.

록 변수들을 사용하였다. 모형 II에서는 첫 번째 모형에다가 성(性)에 대한 더미변수를 추가시켰다. 모형 III은 여성 신청자들만을 표본으로 해서 모형 I과 같은 변수를 사용하여 개발했고, 마찬가지로 모형 IV는 남성 신청자들만을 표본으로 해서 개발되었다. 결과적으로 모형 I에서보다는 모형 II에서 더 많은 여성 신청자가 신용을 받은 것으로 나타났다. 마찬가지로 전에 기각되었던 사람들 중 남성보다는 여성 신청자가 더 많이 신용을 받게 되었다. 모형 III을 이용했을 경우 모형 I에서보다도 10%나 더 많은 여성 신청자가 수용되었다. 즉, 전에 기각되었던 신청자 중 모형 I에서보다는 모형 III에서 더 많은 여성 신청자가 수용된 셈이다. 분리판정점(Cut-off Score)의 중간대에서 전에 기각되었던 신청자 중에서 40~60% 정도나 많은 여성신청자가 수용된 것이다.

이러한 연구는 결과적으로 에이버리 교수가 행한 이론적 시뮬레이션에 대해서 실증적으로 타당성을 제시해주고 있다. 신용을 평점화하는 데 있어서 성(性)이나 인종과 같은 변수들의 사용을 금지하는 것은 보호받아야 될 계층을 비차별적으로 취급한다는 점에서 나름대로 효과가 있다. 그러나 아무리 「동등신용기회법」이 차별화를 금지하고 있다고 하더라도 보호받아야 될 계층 내에서도 라이프스타일 등의 차이에 의해서 통계적으로도 차이를 보이고 있는 실정이므로 신용평점은 본질적으로 차별적일 수밖에 없는 것이다.

이와 같은 문제에 대한 신용공여기관들의 대응책은 간단해 보이나 법적·사회적 관점에서는 상당히 난해한 과제이다. 즉 이는 신용공여기관이 신용평점을 개발할 때 사용이 금지된 모든 변수에 대해, 만약 이러한 변수들이 통계적으로 유의한 관련성이 있어 타당성이 인정되는 경우 포함시키도록 허용하는 것이다. 이렇게 될 때, 단지 시간제로 일한다는 이유만으로 신청이 기각되었던 여성은 다른 여성들과 연계되어서 평가될 것이다. 그렇게 되면 '간접적 차별화' 논란은 그다지 문제가 되지 않을 것이며, 신용공여기관들도 그들의 경제적 이해에 따라 여성에게 신용을 보다 더 많이 허가해줄 수 있을 것이다.

3. 신용평점과 소비자 보호

신용평점정보와
소비자 보호

미국 등 금융선진국에서와 마찬가지로 소득이 증가하고 소비가 다양화되면서 국내에서도 신용평점사용에 있어서의 소비자 프라이버시에 대한 관심이 계속 고조되어왔다. 이제 국내에서도 소비자 권리확대에 따른 프라이버시 문제가 빈번하게 제기될 전망이다. 이렇게 되면 프라이버시 위협은 신용사용에 있어서 주로 신용공여기관 및 크레딧뷰로(CB)를 향하게 될 것이다.

미국의 경우 크레딧뷰로의 신용보고(Credit Reporting) 및 신용평점(Credit Score)이 신용공여기관의 신용공여 여부, 신용공여 금액 결정 등에 있어 주요 수단으로 사용되는 과정에서 소비자들은 크레딧뷰로의 신용보고 및 평점에 대한 접근성(Access)과 정보이용 비용(Cost) 문제를, 금융회사와는 신용정보의 일치성(Consistency) 및 정확성(Accuracy) 문제를 해소하고자 하였다.

미국의 「공정신용보고법(Fair Credit Reporting Act : FCRA)」 개정 이전에는 미국의 개인소비자들은 대출신청이 이루어지기 전까지 대출결정에 사용되는 신용평점을 사용할 수 없었을 뿐만 아니라 개인의 금융거래가 신용평점에 어떻게 반영되는지도 알 수 없었다. 대출신청과정에서 소비자는 대출결정에 사용되는 신용평점을 확인하기 위해 여러 크레딧뷰로로부터 신용평점을 확인해야 했으며 이로 인해 높은 정보취득 비용이 소요되었다. 금융회사들은 대부분 미국 내 3대 크레딧뷰로로부터 신용평점을 받아 그중 중간평점을 관련 의사결정에 이용하였다. 「공정신용보고법」에 의하면 크레딧뷰로는 신용보고에 대해 최고 $8.5까지 수수료를 부과할 수 있었다. 또한 금융회사는 크레딧뷰로에게 부정확하고 선택적인 고객정보를 제공함으로써 신용평점의 일치성 및 정확성을 떨어뜨려 소비자가 불리하게 될 가능성이 많았다. 전미신용정보협회(National Credit Reporting Association)에 의하면 동일 소비자에 대해 각 크레딧뷰로가 계산한 신용평점들의 분산은 매우 높은 것으로 나타났다.

또한 신용평점모형 개발과정과 모집단 세분화에 대한 문제로 인해 신용보고 및 신용평점의 정확성에 대한 의문도 제기되었다. 이와 같은 문제점을 해소하기 위해 2003년 12월 미국은 「공정신용보고법」을 수정한 「FACT법(The Fair and Accurate Credit Transaction Act)」을 개정·시행했다. 「FACT법」에서는 개인소비자의 신용보고 및 평점의 정확성을 높이고 정보이용비용을 줄이기 위해 다음과 같은 조치를 마련하였다. 개인소비자는 미국 내 3대 크레딧뷰로 중 한 곳으로부터 무료로 연 1회 신용보고를 받을 권리를 부여받는다. 개인소비자의 요청이 있을 경우 크레딧뷰로는 일정 비용을 받고 개인의 신용평점의 의미와 산정과정에 관한 내용을 제공해야 한다. 이와 같은 소비자 보호를 위한 법률적 조치 이외에도 신용평점모형에 대한 모형 검증(Model Test 또는 Validation)을 통해 모형의 예측력을 강화시킬 수 있는 방안이 현재 논의되고 있다.

우리나라는 「신용정보의 이용 및 보호에 관한 법률」을 1995년 1월 제정하여 2004년 1월까지 수차례의 개정을 통해 금융소비자 보호 관련 조항을 수정·보완하였다. 우선 개인 신용정보 보호를 위해 크레딧뷰로에 대한 정보 제공과정에서 소비자의 동의를 얻게 하였다. 금융거래 정보·개인질병 정보 등을 크레딧뷰로에게 제공하고자 할 경우 사전에 서면 동의를 받아야 한다. 또한 성명·주민등록번호 등 개인식별정보는 전화·인터넷 또는 서면을 통해 당사자가 동의했을 경우에만 제공할 수 있도록 하였다. 개인은 크레딧뷰로 등에게 본인의 신용정보에 대한 열람을 청구할 수 있으며 본인의 신용정보가 사실과 다른 경우 정정요구를 할 수 있게 되었다. 고객의 요청이 있을 경우

〈표 3-1〉「FACT법」 개정 관련 주요 검토 사항

구분	세부내용	기타
1. 부정적 정보의 조기 경보	크레딧뷰로에 불량정보 적재 시 해당 고객에 대해 고지를 하도록 의무화	부정확한 정보에 대한 소비자 검증 강화
2. 무료 신용정보의 제공	크레딧뷰로는 소비자에게 1년에 1회에 한해 무료신용보고서를 제공토록 의무화	현재 6개 주에서 기 시행되고 있음
3. 고객의 이해에 반하는 의사결정 시 제반 절차 자동화	소비자의 이해에 반하는 결정 시 소비자는 자신의 신용보고서를 별도 요청절차 없이 자동으로 수령할 수 있어야 함	
4. 주소의 최신성 유지	소비자는 신용정보상 본인 주소의 변동 발생 시 또는 신용보고서와 상이한 주소에 근거한 조회 발생 시 즉각적인 고지서비스를 받아야 함	
5. 신용평점의 공개	소비자는 본인 신용평점 및 평점 산출에 활용된 알고리즘에 대해 무료접근이 가능해야 함	
6. 구체적 사용목적의 명기	크레딧뷰로는 정보의 사용자로부터 소비자정보의 구체적인 사용목적을 세부적으로 요구해야 함	
7. 제공정보의 쌍방향성 제고	소비자의 정보를 획득하는 사업자는 소비자가 제공하는 정보와 동일한 수준의 정보를 먼저 제공	현재는 소비자의 일방적 제공
8. 인식란 정보의 허가된 목적외 사용금지	인식 란과 신용보고서와의 구분 폐지를 통해 동 정보 또한 허가된 목적 외 사용을 금지	
9. opt-in 요구권 신설	Opt-out에 대칭 개념의 opt-in 요구권 신설	사전심사(Pre-screening) 및 관계/제휴사 간 정보 공유
10. 소비자의 본인 파일 접근성 제고	소비자는 본인의 모든 정보에 접근이 가능해야 하며, 이에는 본인에 대한 불량정보 제공자의 이름 포함	
11. 예외조항의 폐지	「FCRA」에서 규정하는 예외조항은 폐지되어야 함	
12. 범죄로 인한 유죄판결 기록에 대한 기한 적용	여타의 경우와 마찬가지로 범죄사실로 인한 유죄판결의 경우 일정기간 후 삭제할 수 있어야 함	
13. 고용 관련 정보취득 범위의 제한	고객의 금전 취급직, 보안이 중요한 직원 등의 근무자에 한해서 적용해야 함	

금융회사는 최근 1년간 해당 고객의 신용정보를 직접 제공받은 자와 정보의 이용목적, 제공일자, 주요 내용 등을 7일 이내에 통보해야 한다.

2005년 이후에는 소비자보호 차원에서 개인정보보호가 강화되는 세계적인 추세를 수용하면서 다른 한편 중요성이 증대되는 개인신용 리스크의 효율적 관리를 위한 신용정보 이용확대라고 하는 두 가지 상충되는 과제를 해결하기 위해 「신용정보의 이용 및 보호에 관한 법률」의 대폭적인 개정작업이 진행되고 있다. 종래 금융회사가 크레딧뷰로 등에 개인 신용정보를 제공하는 과정에서 개인의 동의를 받도록 했던 것을 금융회사 등이 크레딧뷰로가 축적하고 있는 개인 신용정보를 제공받고자 하는 때(예: 신규대출 시점) 개인의 동의를 받도록 하고, 소비자는 연 1회 무료로 크레딧뷰로에 축적된 자신의 신용정보를 열람할 수 있고, 원하지 않는 경우 신용정보 제공에 관한 동의를 철회할 수 있는 권리를 도입하는 방안 등이 검토되고 있다.

이처럼 우리나라의 소비자 보호 조항도 선진 추세에 맞춰 법과 제도가 강화되는 추세에 있으나, 여전히 신용평점정보 이용의 일치성 · 정확성 문제는 소비자와의 갈등을 야기할 소지가 있다. 향후 은행 등 금융회사는 내부 신용평점과 크레딧뷰로를 통한 신용평점과의 차이를 명확히 설명할 수 있는 태세를 갖추어야 한다. 만약 금융회사별 신용평점의 일치성이 떨어지고 그것이 소비자의 금융거래에 영향을 미칠 경우 소비자와의 분쟁 소지가 있다. 또한 크레딧뷰로에 대한 정확하고 충분한 정보제공을 통해 개인 신용평가 시스템의 효율성을 높일 수 있게 해야 한다. 부정확한 신용정보의 이용은 금융회사의 의사결정에 잘못된 영향을 미쳐 잠재적인 리스크가 될 수 있다.

**신용평점모형 개발
및 이용 관련 규제**

신용평점모형의 이용이 증대함에 따라 금융감독 당국도 금융회사의 건전성과 대출의 형평성 제고를 위해 신용평점모형의 개발과 이용에 관련된 각종 규제를 시행하고 있다.

미국의 금융감독 당국은 신용평점모형의 개발 및 이용과 관련한 지침을 마련하고 있으며 검사 시에 이를 점검한다. 또한 금융회사 경영진으로 하여금 신용평점모형에 대해 완전히 이해하고 주기적으로 모형의 타당성을 점검할 것을 요구하고 있다.

신용평점모형은 대출의 형평성 제고를 위해 「동등신용기회법」의 규정 B(Regulation B)의 요건(실증적으로 유도되고 통계적으로 타당성을 가짐)을 충족해야 한다. 신용평점 시스템은 최근 대출을 신청한 신용도가 높은 고객과 신용도가 낮은 고객들 간의 실증적인 비교에서 도출된 데이터에 기초해야 한다. 신용평점 시스템을 이용하는 금융회사의 사업목적에 부합하도록 대출신청자의 신용도가 측정되어야 한다. 학계에서 인정받는 통계원리 및 기법을 사용하여 개발되어야 하며 모형적합성이 검증(Validation)되어야 한다. 타당한 통계원리 및 기법에 의해 주기적으로 모형적합성을 재평가(Revalidation)해야 하며 예측력이 유지되도록 수정되어야 한다.

신용평점 시스템은 평가항목으로 고객의 대출상환 가능성과 통계적으로 유의성이 높은 항목을 사용해야 하나, 법으로 금지하는 항목(Prohibited)은 배제되어야 한다. 「동등신용기회법」은 여신 심사 시 인종, 피부색, 국적, 종교, 결혼 여부, 연령, 성별 또는 정부로부터의 지원 정도 등의 항목을 고려하는 것을 금지하고 있다. 다만 연령이 62세 이상인 노인층에 대해 여타 그룹에 비해 낮지 않은 점수를 부여하는 한에서 사용할 수 있다.

규정 B(Regulation B)는 금융회사로 하여금 자체 개발 또는 외부 개발 여부에 관계없이 사용 중인 신용평점 시스템이 대출신청자의 신용도를 정확하게 예측할 수 있다는 모형적합성의 검증(Validation)을 요구하고 있다. 자체적으로 개발된 경우 신용평점 시스템이 인정받는 통계원리 및 기법에 따라 구축되고 적용되고 있다는 것을 증명할 수 있는 전문가를 보유하고 있어야 한다. 외부 신용평가기관으로부터 점수를 제공받는 경우, 이용하고 있는 신용평점 시스템의 모형적합성(Validation)에 대한 보증서 또는 확인서를 받아 보관해야한다. 외부 신용평가기관으로부터 신용평점을 제공받는 경우 해당 신용평점시스템에 사용되는 항목들이 자사고객의 신용도를 정확하게 예측하고 있다는것을 정기적으로 검증해야 한다. 감독기관은「동등신용기회법」등 공정대출관련법(Fair Lending Laws)의 적용을 위해 신용평점 시스템을 적용하는 금융회사에 대한 검사 시 평가결과를 번복(Override)한 사례에 대해서 감독의 중점을두고 있다. 감독기관은 검사 시 유사한 신용평점(Credit Score)을 받은 고객이대출 시 유사하게 취급받고 있는지 여부와 그 사유에 대해 검사한다.「동등신용기회법」에 따라 신용공여기관은 대출신청이 거절당한 고객에게 구체적인거절사유와 60일 이내에 신용정보공개를 요구할 권리가 있다는 사실을 알려주어야 한다. 대출거절고객에 대해 '최소 기준을 만족하지 못하였다' 또는'우리의 신용평점 시스템에서 충분한 점수를 받지 못하였다'는 등 주관적 표현은 불명확한 사유에 해당한다. 고객은 대출거절에 대한 명확한 사유를 듣고이를 개선하여 다시 대출신청을 할 수 있다.「공정신용보고법(FCRA)」은 대출거절 사유가 외부의 신용평가기관으로부터의 신용평가에 의한 경우에는 대출기관에 대해 신용평가기관의 주소 등 연락처를 제공할 것을 요구하고 있으며,고객은 대출 거절 이후 60일 이내에 무료로 자신의 신용평가서를 요청하여열람할 수 있다.

아직 국내에서는 대부분 금융회사와 신용평가기관들이 개별적으로 신용평점 시스템을 개발하여 이용하고 있으나, 예측력이 높은 모형개발에 필요한 데이터가 충분하게 축적되어 있지는 않은 것으로 보이며, 따라서 필요데이터의 검증 및 축적이 요구된다 하겠다. 미국의 신용평점 시스템 관련제도를 참고할 때 국내에서도 고객에 대해 균등한 대출기회를 제공할 수있는 시스템이 마련되어야 할 것이다. 신뢰성이 높은 복수의 신용평가기관이 일관된 방식으로 산정한 고객신용평점을 금융회사에게 제공하게 함으로써 상호 경쟁을 통한 고객의 신뢰도를 높여야 할 필요가 있다. 신용평점 시스템을 사용하는 금융회사에 대해 모형의 정확성을 입증토록 하며 정기검사 시에 이를 점검한다. 금융회사로 하여금 고객의 대출 신청 기각 시에 명확한 사유를 알려주도록 함으로써 형평성 있는 대출기회를 제공하고 고객으로 하여금 신용도의 중요성을 인식하게 해야 한다.

신용평점모형의 개발(Ⅰ)
: 준비절차

1. 협의팀(Liaison Team) 구성

신용평점모형의 개발을 진행하는 데에서 첫 번째 단계는 이 프로젝트를 수행하기 위한 제반사항을 협의하는 협의팀, 혹은 프로젝트 팀을 구성하는 것이라 할 수 있다. 이 협의팀은 전적으로 신용평점모형을 개발하는 당사자와 이 모형을 이용하려는 당사자 사이에 가교 역할을 하게 된다. 비록 과거에 평점 시스템을 사용한 경험이 있었다 하더라도 각 시스템은 나름대로의 특징이 있기 때문에, 개발하는 조직에 있든지 아니면 이용하는 조직에 있든지 간에 시스템 개발 및 이용환경에 관련된 특징을 완전히 이해하고 있어야 한다. 이를 위해 협의팀은 먼저 평점모형이 적용될 모집단, 우량고객과 불량고객에 대한 정확한 정의, 평점 시스템 개발 및 장착에 소요되는 시간 등에 관해서 이해관계 당사자들이 확실히 알 수 있도록 시스템 개발 당사자와 개발절차 초기부터 명확하게 결정해둘 필요가 있다. 신용평점모형개발은 '밀실'에서 수행되는 과제가 아니며, 그렇게 취급되어서도 안 된다. 이러한 요건이 제대로 갖추어지지 않을 경우, 시스템 개발은 전혀 체계적이지 못하여 엉뚱하거나 법적으로 미심쩍은 특성변수들을 포함하고 이로 인해 시스템이 작동하지 않는 문제를 야기할 수 있다.

협의팀장은 최소한도 개발에 지장을 주지 않도록 대개의 결정들을 미루지 않고 내릴 수 있는 경험과 전문성을 갖추어야 한다. 즉, 한 가지에 대해서 결정을 내린 후 그 다음 과제는 어떤 것이며 자신은 어떤 역할을 담당해야 하는자를 익히 알 수 있을 정도로 신용평점 시스템에 능통한 사람이어야 하는 것이다. 일반적으로 협의팀을 구성하는 멤버들은 정보기술, 데이터 마이닝, 영업현장에서 차출되는데, 다음과 같은 주요 참여자들이 포함된다.

신용평점표 개발자

신용평점표 개발자(Scorecard Developer)는 평점표를 개발하는 데 필요한 통계분석을 담당하며, 다음과 같은 소양이 있어야 한다.

- 데이터 마이닝과 통계분석을 수행할 수 있는 전문성
- 금융기관이 보유하고 있는 다양한 데이터베이스에 대한 심층적 지식
- 통계원칙, 특히 예측모델 구축과 관련된 통계이론에 대한 해박한 이해
- 신용 리스크 모델을 수행하고 사용하는 데 대한 금융현장 경험

포트폴리오 리스크 관리자

포트폴리오 리스크 관리자(Portfolio Risk Manager)는 신용평점관리자(Credit Scoring Manager)라고도 한다. 포트폴리오 리스크 관리 및 신용평점사용을 책임지며 다음과 같은 소양이 있어야 한다.

- 신용평점표를 이용해서 리스크 관리전략을 개발하고 수행할 수 있는 전문성

- 기업의 리스크 관리정책 및 절차에 대한 해박한 이해
- 자사의 금융상품에 대한 신규 및 기존 고객의 신용 리스크 프로필에 대한 해박한 이해
- 신용 리스크 평점 및 전략수행과 관련된 다양한 수행기반(Platform)에 대한 이해
- 신용신청을 판단하기 위해 사용된 특정 특성변수/과정을 둘러 싼 법적 이슈에 대한 지식
- 신용신청과정 및 고객관리과정에 관한 지식

금융상품 관리자 금융상품 관리자(Product Manager)는 고객세분화 특성이나 고객선정에 대해서 핵심적인 통찰력을 제공하거나 효과적인 전략수립을 도와줄 수 있다. 또한 새로운 정보가 수집되어야 하는 시장에서 새로운 신용사용 신청서를 설계하는 데 도움을 주기도 한다. 금융상품에 대해서 책임을 지게 되므로, 다음과 같은 소양이 있어야 한다.

- 마케팅 전략을 개발하고 수행할 수 있는 전문성
- 기존 단골고객 및 목표고객에 대한 심층적 지식
- 미래 금융상품개발 및 마케팅 방향에 대한 해박한 지식

영업 관리자 영업 관리자(Operational Manager)는 채권회수, 대출신청 처리, 리스크 판정, 그리고 소송업무 등을 책임지고 있으며, 평점표에서 분리판정점을 변화시켜 개발된 전략이 소관업무에 영향을 줄 수 있으므로 다음과 같은 소양이 있어야 한다.

- 기업전략과 절차를 집행하는데 따른 전문성
- 고객관계 이슈에 대한 심층적 지식

프로젝트 관리자　　　프로젝트 관리자(Project Manager)는 프로젝트 계획 및 시간표작성, 개발 및 수행과정 통합, 그리고 다른 프로젝트 자원 관리 등 프로젝트의 전반적 관리를 책임지는 바, 다음과 같은 소양이 있어야 한다.

- 프로젝트 관리에 대한 전문성
- 프로젝트와 연관된 관련 기업부문에 대한 해박한 이해

정보기술 관리자　　　정보기술 관리자(IT Manager)는 사용되고 있는 다양한 소프트웨어 및 하드웨어 제품의 관리를 책임지는데, 종종 기업 데이터웨어하우스도 책임지게 된다. 다음과 같은 소양이 요구된다.

- 리스크 관리 및 리스크 평점 수행에 연관된 소프트웨어 및 하드웨어 제품에 대한 전문성
- 상황에 따라 데이터 처리에 변화를 줄 수 있는 데이터 관련 심층적 지식
- 제공된 외부 데이터를 처리할 수 있는 능력

기업 리스크 관리 요원　　　기업 리스크 관리(Corporate Risk Management) 부서는 제품 차원과 비교된 기업 차원에서의 재무 및 영업 리스크 관리를 책임지는데 자본배분, 리스크 기능 감독, 헤징(연계매매) 등에도 관계하고 있으며 다음과 같은 소양이 필요하다.

- 리스크 관리 및 리스크 통제 수준과 관련된 기업정책에 대한 전문성
- 상황에 따라 리스크 판단에 변화를 줄 수 있을 정도의 자원배분/헤징의 효과에 대한 심층적 지식
- 보험통계업무에 대한 심층적 지식

법률 요원　　대개의 재판에서 신용공여는 신용도를 평가하는 데 사용될 수 있는 방법 및 이러한 노력에서 사용될 수 없는 특성들을 결정하는 법률 및 규제에 영향을 받는다. 따라서 효과적인 신용평점모형을 개발하기 위해서는 현재 및 미래 상황에서 예견될 수 있는 신용공여에 관련된 법률적 문제를 해결해나갈 법률요원(Legal Staff)이 필요하다.

2. 이용전략수립 및 요건정의

이 단계는 아마도 신용평점모형 개발 절차에서 가장 장시간이 투여되는 노동집약적인 과정일 것이다. 여기서 신용평점모형의 개발 가능 여부가 결정되며 프로젝트를 위한 시스템 적용대상 및 적용범위, 우량·불량 고객의 정의 등이 결정된다.

자료 이용 가능성　　양적·질적 측면에서 고객규모나 보유자료 등 이용이 가능한 자료에 대한 이슈를 다루는 과정이다. 수용할 수 있는 우량·불량 고객의 규모가 최소한도로 확보된 신뢰할 만하고 깨끗한 자료가 필요하다. 이 과정은 내부 보유 자료나 외부 관련 자료를 통해서 보다 용이하고 효율적으로 수행된다. 필요한 데이터의 양은 상황에 따라 달라지지만, 일반적으로 통계적 유의성과 임의성을 나타낼 정도가 되어야 한다. 이 단계에서 정확한 표본크기는 그리 중요하지 않다. 그 크기는 '불량고객'의 정의에 따라 달라지기 때문이다. 그러나 관행적으로 신청평점모형을 개발할 경우, 정의된 시간축(Time Frame) 내에서 대략 2,000명의 우량고객 및 2,000명의 불량고객이 각각 신용사용 신청이 받아들여진 그룹으로부터 임의로 선정될 수 있다. 행동평점모형을 개발할 경우 표본선정은 주어진 시점에서 신용상태를 보여주는 계좌를 이용해야 하며, 채권추심평점모형에서는 채무불이행, 즉 연체(Delinquency) 시점에서 신용정도를 평가해야 한다. 기각추론(Reject Inference)이 수행되어야 하는 경우 추가로 2,000개의 거절된 신용사용 신청 자료들이 신청평점모형개발에 요구될 수도 있다. 손실/연체/대손처리 등의 내부 실적보고서 및 신용사용 신청자의 숫자 등은 초기의 신용평점모형 개발에 따른 요건을 정의하는 데 아이디어 제공 차원에서 이용될 수도 있다. 대체적으로 '불량고객'이 '우량고객'보다 발견해내기가 더욱 어렵다.

프로젝트팀은 신용평점모형을 위해 내부적으로 보유된 자료가 어떤 다른 이유로 인해서 부당하게 변경되거나 신뢰할 수 없게 되었는지를 평가할 필요가 있다. 인구통계적 자료나 증빙이 첨부되지 않는 다른 신용사용 신청 자료는 잘못 제공될 수 있는 가능성이 크나, 신용평가기관 자료나 부동산 및 재무자료는 정확도가 높기 때문에 자주 사용되곤 한다. 보유자료가 신빙성이 없거나 이용할 수가 없는 경우 신용평가기관의 자료만으로도 신용평점모형을 개발할 수 있다. 일단 충분히 우량한 내부자료가 있어서 처리될 수 있다고 판단되면 외부자료는 보다 엄밀히 평가되고, 계량화되며, 정의될 필요가 있다.

프로젝트 요건정의   신용평점모형을 개발하기 위한 요건을 정의하기 위해서 데이터는 먼저 데이터 포맷에 맞게 수집되어야 한다. 이러한 요건은 주로 우량·불량 고객의 정의에 대한 결정, 실적창(Performance Window) 및 표본창(Sample Window)의 설정, 개발표본(Development Sample)을 생성하는 데 제외될 데이터의 정의 등을 포함하고 있다.

① 제외될 데이터

어떤 형태의 계좌들은 개발표본에서 제외될 필요가 있다. 일반적으로,

신용평점모형의 개발에 사용되는 계좌들은 신용사용에 대한 승인이 떨어져 신용이 사용되는 정상적인 거래와 관련된 것들이다. 예를 들어 부정사용(Fraud)과 같은 비정상적인 실적을 갖고 있거나 신용평점과 관련되지 않은 기준을 사용해서 판단된 계좌들은 개발표본에 사용될 수 없다. 이러한 비사용 계좌들로서는 직원용·VIP용·해외전용·사전승인 등과 같은 지정계좌(Designated Accounts)나 도난·분실된 카드계좌, 사망한 고객들의 계좌, 미성년 고객들의 계좌, 실적창 내에서 자발적으로 취소한 계좌들을 생각해볼 수 있다. 그러나 자발적으로 취소된 계좌들은 이따금씩 불확정(Indeterminate) 고객군에 포함되기도 하는데, 이는 이러한 계좌들이 평점으로 계량화되어 승인되고, 그래서 자동적으로 '일상적으로 발생하는 정상거래 범주'에 들어가기 때문이다. 제외될 데이터와 관련해서 고려해야 할 또 다른 이슈는 그 데이터를 제외했기 때문에 발생할지도 모를 표본 바이어스(Sample Bias)라 할 수 있다. 예를 들어, 대도시 주민들을 상대로 적용될 신용평점모형을 개발할 경우 개발표본에 농촌지역에 살고 있는 고객들의 데이터를 포함시키지 않는 편이 좋을 것이다. 마찬가지로, 평점화될 수 없거나 정상적이 아닌 고객들의 계좌들도 개발표본에 포함되어서는 안 된다.

② 실적창(Performance Window)과 표본창(Sample Window)

신용평점모형은 '미래실적은 과거 실적을 반영한다'라는 가설을 토대로 개발된다. 이 가설에 근거해서, 이전에 개설된 계좌들의 실적이 미래계좌들의 실적을 예측하기 위해서 분석된다. 이와 같은 분석을 수행하기 위해 특정 시간축(Time Frame) 기간 동안 개설된 계좌들의 데이터를 수집하고, 우량고객이 될지 불량고객이 될지를 결정하기 위해 또 다른 일정기간 동안 이 계좌들의 실적을 모니터링할 필요가 있다. 우량·불량 분류(표적)에 따라서 수집된 자료

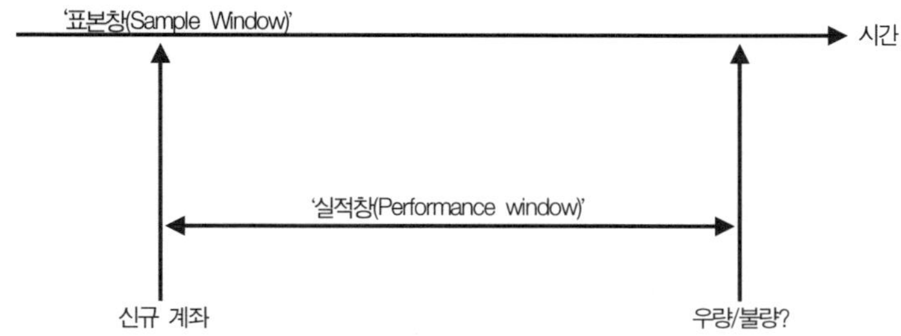

〈그림 4-1〉 실적 정의

(변수)는 신용평점모형이 개발되게 되는 개발표본을 구성하게 된다.

〈그림 4-1〉에서 어떤 특정 시점에서 신규 계좌가 승인이 되어 신용사용이 허용되었다고 가정하자. 미래 어떤 시점에서 이 계좌가 우량고객인지 아니면 불량고객인지를 판단하게 된다. '실적창'이란 어떤 특정 시간축(표본창) 기간 동안 개설된 계좌들의 실적이 모니터링되어 우량·불량 여부(실적등급)를 판단하게 되는 시간창(Time Window)이다. '표본창'은 기존에 알려진 우량·불량 사례들이 개발표본 생성을 위해 선정되게 되는 시간축을 말한다. 부정사용이나 개인파산과 같은 사례들처럼 실적등급이 이미 알려진 경우도 있다. 그러나 이상적 실적창(Ideal Performance Window)을 결정하기 위해서는 이와 같은 데이터도 여전히 유용하다. 실적창 및 표본창을 수립하기 위한 쉽고 단순한 방법은 구성된 계좌 포트폴리오의 지불실적이나 연체실적을 분석하고 시간이 경과하면서 정의된 '불량'사례들의 변화를 도표화하는 것이다. 이러한 데이터의 주된 출처는 신용 리스크 관리부서에서 만들어지는 월별 혹은 분기별 신용분석 보고서이다.

③ 불량고객 정의

개인파산, 상각계좌 혹은 부정사용인 경우에 불량고객으로 정의하는 것은 아주 명료한 일이다. 그러나 연체의 경우에는 연체수준에 따라 불량고객에 대한 정의에 많은 선택이 있다. '불량고객'에 대한 정의가 다르게 되면 '불량계좌'에 대한 다른 표본들을 생성하기 때문이다. '불량계좌'에 대한 정의를 어떻게 내릴 것이냐 하는 점은 다음과 같은 고려사항에 달려 있다.

- '불량'의 정의는 신용공여기관의 조직목표와 연관되어야 한다. 만약 경영목표가 수익성을 증대시키는 것이라면 정의는 당연히 계좌가 수익을 내지 못하는 연체시점에서 이루어져야 한다. 그러나 고질적으로 한 달 정도 늦게 상환하지만 두세 달까지는 가지 않아 수익을 내는 계좌들이 현실적으로 많이 있어 이러한 정의를 획일적으로 적용하기에는 무리가 따른다.

- '불량'의 정의는 신용평점모형이 만들어지고 있는 목표나 금융상품과 연관되어야 한다. 예를 들면 개인파산, 부정사용, 지급청구, 채권추심 등과 같은 경우를 생각해볼 수 있다.

- 보다 엄격한 정의(예를 들면 '대손상각' 혹은 '120일 연체' 등)는 보다 정확한 차별화를 제시하지만, 어떤 경우 낮은 표본 크기의 문제를 파생시킨다.

- 보다 느슨한 정의(예를 들면 '30일 연체' 등)는 표본의 크기를 쉽게 키울 수 있지만 우량·불량 계좌들을 제대로 차별화시키지 못해서 결과적으로 비효과적인 신용평점모형을 만들어낼 수 있다.

- '불량'의 정의는 쉽게 해석되고 따라갈 수 있어야 한다(예를 들면 90일 연체, 개인파산, 확정된 부정사용, 100만 원 이상 지급청구). '30일 연체 3회, 60일 연체 2회, 혹은 90일 이상 연체 1회' 등과 같은 불량의 정의는 보다 정확한 표현으로 보이지만 훨씬 더 따라가기가 힘들고 모든 신용공여기관들에게 적합한 것도 아니다. 보다 단순한 정의를 선택하는 것은 신용 리스크에 대한 관리 및 의사결정을 보다 쉽게 만들어주어 보고가

이루어진 불량의 정도를 쉽게 이해시킨다(예를 들어 4% 불량의 의미는 일정기간 동안 4%의 계좌가 90일 연체를 기록했음을 의미한다).

- 신용공여기관들은 대손상각(Write-offs)에 대한 회계지침에 근거해서 불량고객에 대한 정의를 선정할 수 있다.
- 어떻게 연체가 정의될 것이냐 하는 점은 정부의 규제나 다른 외부의 요구사항에 따라 달라질 수 있다. 새로운 바젤(Basel) II의 자본협정(Capital Accord)에 대한 보고요구사항의 규제가 바로 이에 대한 사례라 할 수 있다. 즉, 미래에 있어서 '불량고객'에 대한 정의는 경제적 손실, 특정한 채무불이행 수준, 혹은 기대손실의 특정한 수준 등과 연계되어야 한다는 점이다. 새로운 바젤 II의 자본협정에 근거했을 때, 채무불이행의 정의는 일반적으로 90일 연체를 말한다.

④ 우량 및 불확정 고객의 정의

일단 '불량'계좌가 정의된다면, 앞에서 수행되었던 동일한 분석이 '우량'계좌를 정의하기 위해서 사용될 수 있다. 이는 당연히 신용공여기관의 경영목표와 연관되어야 한다. '우량'계좌를 정의하는 것은 불량계좌를 정의하는 것에 비해 덜 분석적이며 보통은 명백하게 이루어진다. 우량계좌가 지닌 특성은 다음과 같다.

- 한 번도 연체하지 않았거나 연체해도 어떤 기간을 넘지 않은 경우
- 수익을 나타내거나 순 현재가치(NPV)가 플러스인 경우
- 지급청구 사실이 없는 경우
- 결코 개인파산을 한 적이 없는 경우
- 부정사용이 없는 경우
- 채권추심에서 어떤 특정 비율(예를 들면 50%)의 회수율을 보이는 경우

특이할 사항은, 실적창(Performance Window) 기간 내내 우량 상태를 유지해야 우량계좌가 되는 반면에, 그 기간 동안 어떤 순간이라도 특정한 연체단계에 도달하면 즉시 불량계좌로 정의된다는 점이다.

불확정계좌는 우량이나 불량의 범주로 정확하게 구분될 수 없는 계좌를 말한다. 이러한 계좌들은 분류에 필요한 충분한 실적 데이터를 갖고 있지 못하거나, 우량고객으로 분류하기에는 충분히 낮지도 않고 불량고객으로 분류하기에는 충분히 높지도 않은 어중간한 연체비율을 지니고 있다. 불확정계좌가 지니고 있는 특성은 다음과 같다.

- 30일, 60일 연체를 기록하고 있지만 더 이상 진전되지 않는 (그래서 확정적으로 불량이 아닌) 계좌
- 활동적이지 않거나 자발적으로 신용사용을 취소한 계좌들, 신용사용이 거부된 계좌들, 승인은 났지만 아직 정식으로 등록되지는 않은 신용사용 신청들, 그리고 승인은 났지만 분류하기에는 불충분한 실적 데이터를 지니고 있는 계좌들
- 불충분한 사용실적을 보이고 있는 계좌들
- 순 현재가치(NPV)가 0인 계좌들

종종 신용평점모형을 개발할 때 취소되었거나 정식으로 개설되지 않은 계좌들을 기각된 것으로 처리하거나 아예 처음부터 제외시키기도 하는데, 이는 이러한 계좌들은 신용을 사용할 의사가 없는 고객으로 가정되기 때문이다. 그러나 자발적으로 취소한 계좌들 중 상당부분은 우량고객일 가능성이 높으며 제공되는 부가서비스의 불만 때문에 취소했을 수도 있다. 만약 이들이 재차 신용사용을 신청할 경우, 다시 신용평점을 산정하여 승인이 이루어질 가능성이 높다. 그러므로 이러한 고객은 신용평점모형을 개발하는 과정에서 불확정고객에 포함되어야 한다.

불확정고객은 '불량고객'의 정의가 여러 갈래로 이루어지는 경우에만 사용되고, 정의가 분명히 내려지는 경우(예를 들면 개인파산)에는 사용되지 않는다. 일반적으로 불확정고객은 전체구성원의 10~15% 이상은 넘지 말아야 한다.

3. 자료추출 및 정리

요건을 정의한 후, 신용평점모형개발에 필요한 데이터베이스 구축이 시작된다. 이 단계에서 사용되는 데이터베이스는 일련의 특성변수들(혹은 예측변수들) 및 우량·불량에 대한 표적변수를 포함하게 된다.

표본 선정　　일단 프로젝트 요건에 대한 정의 및 방법론이 결정되면, 데이터 모형 단계에서 사용되는 개발표본 데이터베이스의 생성을 위해서 표본선정에 대한 구체적인 작업이 이루어질 필요가 있다. 전 단계에서 수행된 결과를 토대로, 다음과 같은 사항들이 구체화되고 기술되어야 한다.

- 평점표의 적정 개수 및 각 세분집단에 대한 구체적 내용(다양한 세분집단들을 규명하는 방법에 대한 코딩지침을 포함)
- '우량,' '불량,' 및 '불확정' 고객에 대한 정의
- 구성원의 불량비율 및 각 집단에서의 승인비율
- 실적창 및 표본창
- 제외될 데이터에 대한 정의

특성변수 선정　　개발표본에 포함되는 특성변수들의 선정은 신용평점모형의 개발과정에서 매우 중요한 부분이다. 이 단계에서

는, 신용평점모형 개발프로젝트의 다른 어떤 단계에서보다도 비즈니스 마인드가 강화되어야 한다. 특성변수들은 신용평점모형의 개발과정을 효율적으로 만들기 위해서 미리 선정되는데, 이 경우 아래와 같은 다양한 요인들에 의거해서 선정되게 된다.

① 기대 예측력 : 이 정보는 사후관리 경험(추심 및 리스크 분석), 사전분석, 평점표 개발프로젝트 등으로부터 얻어진다. 특히 사후관리팀 요원들과의 면담은 특성변수의 기대 예측력을 판별하는 데 매우 큰 도움을 준다.

② 신뢰도 및 엄격함 : 일부 미확인된 자료는 조작될 가능성을 배제할 수 없다. 특히 은행지점 직원들이나 대출브로커들처럼 여신금융상품의 판매에 열성인 직원들에 의해 자료가 작성되는 경우에는 더욱 그러하다. 어떤 경우에는 이와 같은 자료를 확인하는 작업이 너무 비용이 많이 들 수 있기 때문에 처음부터 자료작성에 신뢰성 및 엄격함을 지니도록 해야 한다.

③ 자료수집의 용이성 : 신용사용 신청서식에서 선택적으로 공란으로 남겨지는 항목들은 사용될 수 없거나, 혹은 강제적으로 응답이 되었을 경우에 한하여 평점표 개발에 고려될 수 있다.

④ 해석 가능성 : 직업이나 소속 산업형태 등과 같은 특성변수들은 주관적으로 해석되기 쉽다. 자료작성자가 다르게 되면 작성자에 따라서 동일인을 다른 직업이나 산업형태 범주로 기술하고, 디지털 경제 시대에 새로운 직업들이 많이 생겨나면서 새로운 직업을 가진 개인들을 기존의 직업분류에 집어넣기가 힘들게 되었다. 이러한 상황 때문에 많은 신용공여기관들에서 행한 직업분류에 '기타'의 범주는 그 비중이 증가하여 종종 75% 정도를 차지하기도 한다. 심지어 이와 같은 특성변수들이 예측력이 있는 것으로 나타난다 하더라도, 향후 이러한 특성변수들을 이용한 해석이 과연 정확할 수 있을지에 대한 의문은 여전히 남아 있다. 그러나 주관적 해석이 신용 리스크 경험에 의해서

지지될 때는 예외이다. 이러한 경우의 사례로서는 중소기업들의 신용평점표에 사용될 수 있는 '관리품질'과 같은 분야를 생각해볼 수 있다. 이는 주관적 분야이라고 하나 경험이 풍부한 심사 및 사후관리부서 직원들에 의해서 판단이 이루어지므로, 이 분야는 보다 신뢰수준이 높은 상태로 사용될 수 있다.

⑤ 인위적 조정 : 이는 인위적 조정(예를 들면 개인파산이 정책으로서 감소된 경우에 개인파산지표는 의미를 잃게 된다)에 의해 유의하게 영향을 받은 특성변수를 말한다. 기각추론이 이러한 상황을 어느 정도 교정할 수 있으나, 정책과 평점표에 사용되는 특성변수들은 일관성을 위해서 상호 독립적인 것이 바람직하다.

⑥ 미래 이용 가능성 : 평점표 개발에 사용될 수 있는 어떠한 자료도 미래에 수집될 수 있다는 확신이 있어야 한다.

⑦ 경쟁환경 변화 : 현재 강력한 특성변수로 고려되지 않는다 하더라도 높아진 신용한도나 새로운 여신상품개발 등과 같은 신용산업 트렌드에 따라 미래에는 그 특성변수가 강력한 예측지표로 사용될 수 있다.

표본 추출 평점표 개발을 위한 표본을 추출하기 위해서는 두 가지 과제에 대한 수행이 필요한 바, 이는 전체 표본을 개발 및 검증 데이터세트로 분할하고 이 전체 표본에서 우량, 불량 및 기각 비율을 결정하는 것이다.

① 개발 / 검증

전체 표본을 개발 표본(평점표 개발을 위한 표본)과 검증 표본(개발된 평점표를 검증)으로 분할하는 데에는 여러 가지 방법이 있다. 보통, 전체 표본의 70~80%가 평점표를 개발하는 데 사용되고 나머지 20~30%가 평점표를 독립적으로 검증하는데 사용된다. 표본크기가 작을 경우, 평점표는 100%의 표본을 사용하여 개발될 수 있고 개발에 사용된 표본 중 50~80%가 임의적으로 선정되어 평점표를 검증할 수도 있다.

② 우량 / 불량 / 기각

우량, 불량, 기각 건수가 각각 약 2,000건 정도가 되면 평점개발이 충분하게 이루어질 수 있다. 이 방법은 과표본추출(Oversampling)이라고 불리는데 업계에서 광범위하게 사용되고 있다. 실제와 근접한 예측치를 얻기 위해서 과표본추출에 대한 몇 차례의 수정작업이 이루어져야 한다. 충분히 큰 표본을 사용하는데 따른 부가가치로는 먼저 다중공선성(Multicollinearity)문제를 줄일 수 있으며 다음으로 로지스틱 회귀분석의 결과를 통계적으로 유의하게 만들 수 있다는 점을 들 수 있다.

우량 및 불량 사례가 통계적 유의성을 확보해줄 수 있을 만큼 충분한 경우, 비율표본추출도 생각해볼 수 있다. 예를 들어서, 불량률이 4%인 포트폴리오에서 비율표본추출을 사용한다면 불량분포가 4%인 개발 표본이 필요할 것이다(즉, 전체 표본크기가 100,000일 경우 4,000의 불량 및 96,000의 우량표본). 이 경우에 사전확률에 따른 데이터세트 조정은 필요가 없게 된다. 왜냐하면 이 표본에는 이미 실제 분포확률이 반영되어 있기 때문이다.

고려 중인 특성변수 개수와 이러한 특성변수들의 타당성에 따라서 최적의 표본크기를 결정하는 데 사용할 수 있는 통계기법은 다양하다. 어떤 변수의 모집단 평균이 95% 신뢰수준으로 표본에서 오차한계가 계산된 추정평균의 특정 배수 이내라고 가정해보자. 예를 들어, 직장인 통근거리의 모집단 평균이 95% 신뢰수준으로 오차한계가 10km 이내라면 다음과 같은 공식을 생각할 수 있다.

z = 기대 신뢰수준에 대한 z 통계량 (95% 신뢰수준의 z 값은 1.96)

σ = 모집단 표준편차

d = 오차한계(신뢰구간 거리의 1/2)라고 한다면

$n = (z \, \sigma / d)^2$ 이 된다.

이 경우, σ = 15이면 n = $(1.96 \times 15 / 10)^2 \approx 9$, 즉 표본크기는 9가 된다. σ = 30이면 $n = (1.96 \times 30 / 10)^2 \approx 35$.

만약 표본추정비율과 다소 차이를 보이는 표적 모집단의 목표비율(p)을 제대로 알 수 있다면, 적절한 표본크기는 다음 식을 통해 구할 수 있다.

z = 기대 신뢰수준에 대한 z 통계량 (95% 신뢰수준의 z 값은 1.96)

p = 목표비율

d = 오차한계(신뢰구간 거리의 1/2) 이라고 한다면

$n = \{ z^2 \, p(1-p) \} / d^2$ 이 된다.

만약 50 / 50의 최악의 시나리오를 상정하고 오차한계가 5%라고 한다면,

$n = \{ 1.96^2(.5 \; (1-.5)) \} / .05^2 \approx 385$.

그러나 여기에 제시되는 값은 어디까지나 최소의 표본크기이며, 평점개발에 사용할 때는 통계적으로나 실무적으로 만족할 만한 결과를 얻을 수 있도록 충분한 표본크기를 갖는 범위 내에서 편리한 표본추출 방법을 따라야 한다. 그룹화된 특성변수의 평점표가 개발되는 경우에, 사용되는 모든 표본추출 기법의 궁극적인 목표는 각 그룹들이 충분한 숫자의 우량 및 불량 자료를 갖고 있어 분석이 통계적으로는 의미 있게 이루어지도록 하는 데 있다. 이를 위해서는 각 개별 그룹에 대한 '증거비중(Weight of Evidence)'을 계산하고 아울

러 속성별로 증거비중의 추세를 분석하는 것이 필요하다.

③ 증거비중(Weight of Evidence)

일반적으로 프로파일 분석에 나오는 속성들을 신용평점모형에 그대로 사용하기에는 문제가 있다. 첫째로, 평점모형을 효과적으로 구축한다는 측면에서 초기에 나오는 속성들(Attributes)을 그대로 쓰기에는 그 수가 너무 많다는 점이다. 보통 5~6개보다 많은 속성을 사용할 경우 평점오차가 크게 벌어지는 경향이 있다. 둘째로, 어떤 특성변수들은 너무나 적은 관측빈도(Observation Frequency)를 보이는 까닭에 유용한 결론을 추출해내기 힘들다는 점이다.

이러한 점에서 증거비중(Weight of Evidence)은 속성들을 체계적으로 분류하고 재구축하는 데 아주 유용한 지표가 된다. 증거비중은 우량고객이 될 수 있는 비율(Odds to be good)에 자연로그(Natural Log)를 취하는 것을 말하는 바, 여기서 우량고객이 될 수 있는 비율은 특성변수 내의 각 속성(Attributes)당 우량고객 백분율(%)을 불량고객 백분율(%)로 나눈 것을 말한다. 즉,

$$WE_i = ln(Pg_i / Pb_i)$$

여기서 WE_i = Weight of Evidence for i-Attribute

Pg_i = i 속성에서의 우량고객 백분율

Pb_i = i 속성에서의 불량고객 백분율

정보이론에서 증거비중이란 특정정보에 대한 비중을 나타내는 지표이기 때문에, 신용평점모형에 사용될 경우 이는 특성변수 내의 각 속성이 우량고객과 불량고객을 판별하는 데 얼마나 많은 정보를 주고 있는가를 나타내게 된다. 따라서 증거비중의 값이 비슷한 속성들은 해당 특성변수에서 비슷한 정보량을

주는 것으로 이해할 수 있어서 같은 그룹으로 분류할 수 있으며, 결과적으로 속성의 수를 줄이는 근거가 되고 있다. 그러므로 특성변수별 신용평점에 사용될 속성들을 선정할 경우 증거비중이 가장 널리 사용되는데, 속성 자체가 비연속적(Discrete)인 경우에는 증거비중만으로도 판단이 가능하나 연속적(Continuous)인 경우에는 증거비중만을 사용할 경우 평점표 관리가 어렵게 되어 자칫하면 상식에 어긋나는 분류를 할 수 있다. 따라서 이 경우에는 증거비중이 서로 인접한 속성들을 같이 묶는 것이 바람직하다.

신용평점모형의 개발 (II)
: 추정절차

1. 초기 특성변수 분석

사전 단계 초기 특성변수 분석은 두 가지 주요 과제를 포함하고 있다. 첫 번째 단계는 성과 예측지표로서 각 특성변수의 예측력을 개별적으로 평가하는 것이다. 이는 단변량 선별과정(Univariate Screening)으로도 알려져 있으며 취약하거나 비논리적인 특성변수들을 걸러내는 과정이라 할 수 있다. 두 번째 단계는 강력한 특성변수들을 그룹으로 묶는 것이다. 이 과정은 연속적 혹은 비연속적 특성변수에 있는 모든 속성에 적용된다. 이와 같은 그룹화는 다음과 같은 장점을 제공하게 된다.

- 동떨어져 있거나(Outliers) 희귀한 속성들을 용이하게 처리할 수 있도록 해준다.

- 그룹화는 특성변수 내의 속성들의 관계를 이해하기 쉽도록 만들며 우량 및 불량 고객에 대한 지식을 보다 많이 제공해준다. 결과적으로 이 그룹화를 바탕으로 차트를 만들면 이 차트를 이용해서 사용자는 관계의 강도(Strength of Relationship) 외에 관계의 특성(Nature of Relationship)도 설명

할 수 있게 된다.

- 비선형 종속성(Nonlinear Dependencies)은 선형으로 모형화할 수 있게 된다.
- 그룹화를 통해서 평점표의 최종형태를 만들 수 있다.
- 특성변수들을 그룹화하는 과정을 통해서 사용자는 리스크 예측지표의 행태에 대한 통찰력을 얻을 수 있으며, 고객 포트폴리오 관리를 위한 전략을 효과적으로 개발하는 데 필요한 지식도 증대시킬 수 있다.

일단 강력한 특성변수 내에서 속성들이 그룹화되고 예측력에 대한 순위가 결정되면, 변수선정은 완료된다. 초기 특성변수 분석의 말미에 평점표 개발자는 그룹으로 이루어진 강력한 특성변수들을 갖게 되는데, 이 특성변수들은 회귀분석에도 사용될 수 있도록 가능하면 독립적 정보 유형을 나타내야 한다. 특성변수의 강도는 다음과 같은 네 가지 주요 결정기준에 따라 측정된다.

- 각 속성의 예측력 : 증거비중 측정치가 사용된다.
- 한 특성변수 내의 속성 그룹별 증거비중의 범위 및 추세
- 특성변수의 예측력 : 정보가치(IV: Information Value) 측정치가 사용된다.
- 영업 및 경영 측면에서의 고려사항

일반적으로, 이 분석방법은 먼저 각 개별적 속성에 대한 증거비중을 계산하고 다음으로 특성변수에 대한 정보가치가 측정된 후, 마지막으로 스프레드 쉬트 소프트웨어(Spreadsheet Software)를 이용하여 최소 허용강도를 초과할 수 있는 특성변수들을 조합하는 과정을 거치게 된다.

통계적 측정 앞서 언급했듯이 증거비중은 우량고객과 불량고객을 분리해서 각 속성 혹은 그룹화된 속성들의 강도(Strength)를 측정한 것이다. 이는 각 속성에서 우량고객비율과 불량고객비율의 차이에 대한 측정치이다(즉 우량이거나 불량인 속성을 지닌 개인의 비율). 예를 들어,

특성변수의 분석에 사용되는 전형적인 〈표 5-1〉과 같은 차트를 생각해보자. 이 차트는 그룹화가 이루어진 다음의 특성변수 '나이(Age)'를 보여주고 있다.

〈표 5-1〉에서 특기할 사항은 다음과 같다.

- 'Missing'은 분리해서 그룹으로 묶는다. 이 그룹에서의 증거비중은 대부분의 'Missing' 데이터가 23~29세 그룹에서 발생하고 있음을 암시한다 (−71.61 < −42.72 < −4.53).

- 의미 있는 분석결과를 얻기 위해서 '각 그룹당 최소 5%'라는 규칙이 적용되었다.

- 우량고객이나 불량고객이 존재하지 않는 그룹은 없다.

- 각 그룹 간 불량비율 및 증거비중은 충분히 차이가 나고 있다. 즉, 그룹화는 우량과 불량의 차이가 극대화될 수 있도록 이루어져야 한다. 이는 그룹화의 목적인 차별화가 이루어질 수 있도록 규명하고 분리시키는 것이기도 하다. 증거비중의 절대값이 중요하기도 하지만, 그룹별 증거비중의 차이가 더욱 중요하며 이 차이는 차별화를 구축하는 데 핵심이 되고 있다. 즉, 그룹별 차이가 커지면 커질수록 이 특성변수의 예측능력

〈표 5-1〉 그룹화 변수의 분석(예)

나이	전체 빈도(%)	우량 빈도(%)	불량 빈도(%)	불량비율	증거비중
Missing	1,000 (2.50)	860 (2.38)	140 (3.65)	14.00%	-42.72
18~22	4,000(10.00)	3,040 (8.41)	960(25.00)	24.00%	-108.98
23~26	6,000(15.00)	4,920(13.61)	1,080(28.13)	18.00%	-71.61
27~29	9,000(22.50)	8,100(22.40)	900(23.44)	10.00%	-4.53
30~34	10,000(25.00)	9,500(26.27)	500(13.02)	5.00%	70.20
35~44	7,000(17.50)	6,800(18.81)	200 (5.21)	2.86%	128.39
44+	3,000 (7.50)	2,940 (8.13)	60 (1.56)	2.00%	164.93
합계	40,000(100%)	36,160(100%)	3,840(100%)	9.60%	

은 더욱더 높아진다.

증거비중은 〔우량고객 분포(%) / 불량고객 분포(%)〕비율의 로그값에 기초하고 있다. 예를 들어 23~26세 그룹의 경우 이 비율은 13.61/28.13 = 0.48이다. 23~26세 그룹에 속한 개인은 0.48 : 1이라는 우량비율을 갖게 된다. 증거비중의 식은 〔ln (우량고객 분포(%) / 불량고객 분포(%)) 〕× 100으로 나타나기 때문에 이 그룹의 증거비중은 ln (0.1361/0.2813) × 100 = −72.613이 된다. 100으로 곱한 것은 숫자를 보다 더 쉽게 나타내기 위함이다. 마이너스 기호는 특정 속성이 우량비율보다는 불량비율이 더 높다는 것을 의미하고 있다.

정보 가치(Information Value) − 혹은 특성변수의 총체적 강도 − 는 정보이론에서 나온 개념인데, 다음과 같은 공식을 이용해서 측정된다.

$$\sum_{i=1}^{n}(\text{우량고객 분포}_i - \text{불량고객 분포}_i) \times ln(\text{우량고객 분포}_i / \text{불량고객 분포}_i)$$

이 공식에서 우량고객 분포와 불량고객 분포는 소수점 형태, 예를 들면 0.136 및 0.281이 사용된다.

이러한 방법론에 따라서, 정보가치에 대한 일반적 법칙은 다음과 같이 생각해볼 수 있다.

- 0.02 이하 : 예측 불능
- 0.02~0.1 : 약한 예측력
- 0.1 ~ 0.3 : 중간 예측력
- 0.3 이상 : 강한 예측력

정보가치가 0.5 이상인 특성변수는 예측력이 과대 계상되어 모형개발과정에서 제외되거나, 조심스럽게 통제된 상태에서 사용되어야 한다. 정보가치는 실제로 광범위하게 사용되는 예측측정치이며, 강한 특성변수 혹은 약한 특성변수 여부에 대해서는 실무자마다 서로 다른 기준을 적용하고 있다.

그룹화되지 않은 특성변수를 이용해서 평점표가 개발되는 경우, 예측강도를 평가하는 통계량에는 R^2와 x^2를 포함하고 있다. 이들 통계량 모두 특성변수를 평가하기 위해서 적합도(Goodness-of-Fit) 기준을 사용한다. R^2 기법은, R^2 증식기준을 충족시키지 못하는 특성변수를 기각하는 단계별 선정방식을 사용하고 있다. 일반적으로 이 기법에서는 0.005를 기준으로 채택한다. x^2도 비슷한 방식을 채택하고 있는데 최소 결정기준 값은 0.5이다. 만약 많은 특성변수들이 모형에 포함되면 결정기준 값은 커질 수 있다.

그룹화 사용 여부에 관계없이 단변량 선별은 투입 특성변수들 사이의 부분 관련성이나 상호작용을 설명하지 못하고 있다. 부분 관련성은 한 특성변수가 다른 특성변수의 효과가 존재하는 가운데서 변화할 때 발생한다. 이 경우에는 다변량을 이용한 분석방법이 훨씬 더 적절하다. 모형개발 소프트웨어는 R^2와 x^2 방식을 위해서 특성변수들을 그룹으로 묶고 범주적 투입변수들을 위해서 상호작용을 검증하는 옵션을 제공하고 있다. 예를 들어 '소득×주거지'나 '나이×소득' 등과 같은 2원적 상호작용을 검증할 수 있는 것이다. 이러한 방법은 개별 특성변수 분석보다 효과적이며 특성변수들 사이의 상호작용을 고려함으로써 보다 강력한 결과치를 산출해내고 있다.

2. 예비 평점표

사전 단계 초기 특성변수 분석은 최종모형에 포함될 수 있는 강력한 예측력을 지닌 일련의 특성변수 집단을 규명하고 있으며, 이러한 특성변수들을 그룹화된 변수 형태로 변형시킨다. 예비 평점표 단계에서는, 다양한 예측모형 개발 기법들을 이용하여 가장 강력한 예측력을 함께 제공하는 특성변수 집단을 선정할 수 있다. 이들 중 대표적인 기법이 로지스틱 회귀분석, 의사결정 나무(Decision Trees) 및 뉴럴 네트워크(Neural Networks) 등이다. 보통 이 단계에서 산출되는 최종 평점표는 8개 내지 15개의 특성변수로 이루어진다. 이는 한두 개의 특성변수에 문제가 있더라도 예측력이 여전히 강력한 상태로 남아 있는 안정된 평점표를 담보하기 위함이다. 일반적으로 적은 수의 특성변수들로 이루어진 평점표는 시간이 지남에 따라 불안정해지는데, 이는 신용신청인의 미세한 신상변화에도 상당히 민감하게 작용하기 때문이다.

사용되는 모형 개발 기법과 관계없이, 이 과정은 최적의 특성변수 결합으로 구성된 평점표를 만들어내는데, 다음과 같은 이슈가 고려되어야 한다.

- 특성변수들 간 상관관계
- 평점표의 최종 통계지표
- 영업현장에서의 특성변수에 대한 해석 가능성
- 실행 가능성
- 방법론의 투명성

리스크 프로파일 개념

평점표는 통계측정치의 극대화, 효율성(최소 변수의 사용) 등 다양한 목적을 가지고 개발될 수 있다. 실무적으로, 평점표 개발은 리스크 분석가(Risk Analyst)의 사고과정(Thought Process)과 유사하다. 유능한 신용 심사역은 의사결정을 내리기 위해 신용신청서나 신용사용경력에서 나온 단지 네다섯 개의 항목만을 보지는 않는다. 보통 이 유능한 심사역이 유심히 조사하는 것은 몇 개의 핵심 측정치인데, 이는 대상자의 리스크 프로파일을 만들기 위해 살피는 것이다.

평점표 개발과정의 목적은 고객의 리스크 프로파일을 종합적으로 구축하는 데 있다고 해도 과언이 아니다. 리스크 프로파일을 이용한 접근방법은 평점표의 예측력을 높여줄 뿐만 아니라, 특정 분야에서 발생하는 변화에 덜 예민해져서 평점표를 보다 안정적으로 만들어준다. 리스크 프로파일은 가능한 많은 독립적 형태의 특성변수들을 포함하고 있다. 예를 들어 신용카드 평점표는 나이·주거형태·지역·직장 재직기간 등과 같은 인구통계자료, 정년·조회 횟수·거래·상황실적·금융정보 및 공공기록 등과 같은 크레딧뷰로(CB) 특성변수, 총 부채비율 등과 같은 상환능력 측정치 등을 포함하고 있다.

리스크 프로파일 개념 역시 평점표를 지속적으로 모니터링해나가는 데 도움을 준다. 대부분 리스크 분석가들은 현재 신용사용 신청자나 신용사용 중인 계좌 모집단에 대한 평점표의 타당성을 확인하기 위해 1개월 단위로 '시스템 안정성'이나 '모집단 안정성'과 같은 보고서를 만들어내고 있다. 이러한 보고서는 평점표에 사용되는 특성변수들에 의해 정의된 대로 모집단에서의 변화를 효과적으로 측정한다. 광범위하게 근거한 리스크 프로파일 평점표는, 제한된 변수를 사용한 평점표의 경우가 그러하듯이 변화나 안정성을 인위적으로 나타내기보다는 모집단에서의 변화를 보다 현실적으로 포착하고 있다.

로지스틱 회귀분석

로지스틱 회귀분석은 대부분 신용사용 신청과 관련된 평점표를 개발하는 데 사용되는 공통적인 기법인데, 이 경우 예측되는 변수는 범주적(Categorical)이다. 만일 예측되는 변수가 연속적이라면 선형 회귀분석이 사용된다. 로지스틱 회귀분석은 대부분의 다른 예측모형 개발 기법과 마찬가지로, 어떤 특정결과(표적)에 대한 가능성(확률)을 예측하기 위해 일군의 예측특성변수를 사용한다. 한 사건(Event)에 대한 확률의 로짓 변환(Logit Transformation) 식은 다음과 같다:

$$Logit(pi) = \beta_0 + \beta_1 x_1 + \cdots + \beta_k x_k$$

여기서

p = 투입변수가 주어진 상태에서 '사건'의 사후 확률

x = 투입변수

β_0 = 회귀선의 절편

β_k = 모수(parameter)

로짓 변환은 비율의 로그이다. 즉 $log[\,p\,(사건)/\,p\,(非사건)]$이며 사후확률을 선형화하는 데 사용되고 모형에서의 추정확률의 결과는 0에서 1 사이로 제한하고 있다. 최우추정법(Maximum Likelihood)이 모수 β_1에서 β_k를 추정하는 데 사용된다. 이러한 모수 추정치들은 투입변수(다른 투입변수에 조절된) 1단위 변화에 따른 로짓의 변화율을 추정하는데, 사실상 결과변수(표적)와 각각 해당되는 투입변수(x_1-x_k) 사이의 기울기(Slope)인 셈이다. 모수들은 투입변수의 단위에 종속적이며, 분석을 용이하게 하기 위해서 표준화되어야 한다. 표준화는 표준화된 추정치 사용을 포함해서 여러 가지 방법을 사용하여 이루어진다. 또 다른 방법은 투입변수 단위를 전부 무시하고 투입변수에 대해서가 아니라 이전 단계에서 생성된 각 그룹화의 증거비중에 대해 회귀분석을 실행하는 것이다.

회귀분석은 결과변수와 일련의 투입변수를 필요로 한다. 이때 투입변수들은 다양한 형태를 지닐 수 있다. 가장 보편적인 방법은 연속변수에 대해서는 원형 그대로의 투입 데이터를 사용하고 범주적 데이터에 대해서는 더미변수를 만드는 것이다. 그 다음에 표준화된 추정치가 투입변수 단위들의 효과를 중화시키기 위해 분석에서 사용된다. 그러나 이러한 방법은 그룹화된 변수를 사용한 평점표가 개발될 때에는 사용될 수 없다.

이 그룹화된 변수를 사용한 평점표인 경우, 투입변수가 연속변수일 경우

에는 그룹의 평균값 형태로 나타나고(예를 들면, 각 그룹의 평균 나이), 범주적 그룹에 대해서는 더미변수 형태로 나타난다. 범주적 변수에 대해서 더미변수를 사용하는 것은 심각한 결함 – 한 범주적 변수 그룹에서 그 다음의 범주적 변수 그룹까지의 차이가 동일하다고 하는 가정 – 을 지니고 있다. 이러한 결함을 극복하기 위한 효과적인 대안은 투입변수로서 각 그룹의 증거비중을 사용하는 것이다. 이 방법은 투입변수가 단위에서 차이가 난다는 문제를 해결해줄 뿐만 아니라, 한 그룹에서 다음 그룹까지의 관계에 대한 정확한 동향과 척도까지도 고려하고 있다. 또한 각 특성변수를 있는 그대로 유지하면서 평점표 개발에 도움을 준다. 추가적으로, 이 방법은 만약 그룹화가 정확하게 이루어진다면 평점표 척도조정 중에 각 그룹에 대한 점수배정(Point Assignment)이 논리적이며 이 점수가 그룹 간 관계에서의 차이를 나타냄을 확실히 보여준다.

회귀분석은 모든 가능한 옵션들을 사용해서 가장 훌륭한 모형을 발견해 내기 위해 실행될 수 있다. 이는 보편적으로 '모든 가능한' 회귀분석기법으로 알려져 있으며 계산적으로 집중적인 다단계 과정을 거치게 되어 있는 바, 특히 많은 수의 투입 특성변수가 존재하는 경우 더욱 그러하다. 다음과 같은 세 가지 형태의 단계별 로지스틱 회귀분석기법이 가장 보편적으로 사용된다.

- 전방진입법(Forward Selection) : 먼저, 각 특성변수의 개별적인 예측력에 기초해서 가장 우수한 몇몇 특성변수로 모형을 구축하고, 다음으로 어떤 유의수준(예를 들면 0.05)보다 작은 p값을 갖거나 어떤 수준보다 높은 단변량 x^2(카이스퀘어) 값을 갖는 특성변수들이 더 이상 남아 있지 않을 때까지 계속해서 남아 있는 특성변수들을 처음 모형에 추가시키는 방법이다. 이 방법은 효율적이지만, 만약 너무나 많은 수의 특성변수가 존재하거나 이들 사이의 상관관계가 높게 나타날 경우 취약성을 드러낼 수 있다.

- 후방제거법(Backward Elimination) : 전방선택의 반대인 이 방법은, 모형에 모든 특성변수를 포함시킨 상태에서 시작하지만 남아 있는 모든 특성변수가 어떤 유의수준(예를 들면 0.1)보다 낮은 p값을 갖게 될 때까지 혹은 다른 다변량 유의성 측정치에 근거해서, 모형에 다른 특성변수들이 주어진 상태에서 가장 낮게 유의하다고 판단되는 특성변수를 순차적으로 제거해나가는 방식이다. 이 방법은 상대적으로 유의성이 낮은 변수들에게, 한두 개의 강력한 변수가 예측력을 지배하는 전방선택이나 단계별 방식보다 모형진입기회를 훨씬 많이 허용한다.

- 단계별(Stepwise) 분석 : 전방선택과 후방제거의 결합인 이 방법은 최적의 결합에 당도할 때까지 각 단계의 평점표에서 특성변수들을 반복적으로 추가시키고 배제시키는 작업을 계속한다. 사용자는 어떤 특성변수가 평점모형에 추가되거나 계속 남아 있는 데 요구되는 최소 p값을 결정할 수 있다.

평점표 설계　　모든 특성변수를 회귀분석모형에 포함시키고 통계적으로 최적결과를 산출해낼 수도 있지만, 이 방법으로는 실무적으로 이상적인 결과를 도출하지 못할 수 있다. 평점표 개발자는 개발결과를 평가하기 위해 p값, x^2, R^2 등과 같은 통계적 측정치에 전형적으로 의존한다. 그러나 평점표를 개발할 때 실무적으로 고려되어야 할 다른 목표도 있는 법이다.

첫 번째 목표는 최적의 특성변수 조합을 선정하고 가장 종합적인 리스크 프로파일을 구축하는 것이다. 리스크 프로파일을 생성하는 개념은 앞에서 이미 언급한 바 있다. 이상적으로, 이 프로파일은 될수록 많은 독립적 데이터 항목을 이용해서 구축되어야 한다. 개발과정은 상관관계 및 공선성(collinearity) 문제, 그리고 모형 그 자체의 신뢰성에 영향을 줄 수 있는 다른 요인들을 언급해야 한다.

개발된 평점표는 조직의 의사결정 지원구조와 반드시 일치해야 한다. 만약 평점모형이 신용공여기관과 소비자 사이의 유일한 중재자라면, 종합적인 리스크 프로파일을 만들어낼 필요가 그만큼 커지게 된다. 만약 의사결정 지원도구로 사용된다면, 평점표에 포함되어야 하는 특성변수들은 사용되는 다른 측정치와 속성이 반대되어서는 안 되고 일치해야 한다. 예를 들어, 개인파산이나 과거 연체기록 등 정책기준에 따라 포함되는 특성변수들은 최소화되어야 하는 것이다. 리스크 프로파일 평점표의 예시는 다음과 같다.

- 나이
- 주거형태
- 우편번호
- 현 산업에서의 재직기간
- 현 주소에서의 주거기간
- 3개월 내 조회 수 / 12개월 내 조회 수
- 12개월 내 조회 수 / 12개월간 개설된 거래 수
- 90일 이상 거래 비중
- 지난 3개월 내 개설된 거래 수 / 지난 12개월 내 개설된 거래 수
- 이용도
- 대출상품 수
- 은행대출에 대한 연체
- 총 부채비율

'3개월 내 조회 수 / 12개월 내 조회 수'는 단기적 및 장기적 신용 니즈

(needs)를 측정하기 위해서 포함되었다. 3개월 및 12개월 내 조회 수는 각기 독립적으로 포함될 수 있다. '개인파산'이나 '공공기록' 등은 평점표에 포함시키지 않았는데, 이들 변수는 자동적으로 신용신청인을 기각시키는 정책기준에 사용되기 때문이다. '현 산업에서의 재직기간'이 '현 직장에서의 재직기간' 대신에 사용되고 있는데 이는 동일한 산업 혹은 지속적인 취업의 기간이 가장 최근 직장에서의 재직기간보다 효과적인 리스크 지표가 되기 때문이다. '12개월 내 조회 수 / 12개월간 개설된 거래 수'는 신용을 쌓아가는 데 있어서 신용사용 신청인의 성공률에 대한 측정치이다. 이와 같은 평점표는 회귀분석 알고리즘을 이용하면 자동적으로 얻어지는 보편적인 결과가 아니다.

그러면 어떻게 이와 같은 평점표를 얻을 수 있을까? 문제의 해답은 평점표 설계에 있다. 평점모형의 최종 형태에 영향을 줄 수 있는 여러 가지 방법 중에는 처음부터 영업상 반드시 필요한 특성변수를 강제로 모형에 투입하는 방법도 있을 수 있고 어떤 특성변수를 최종 모형에 진입시키는 기회를 최대화시키기 위해 회귀분석을 조정하는 방법도 생각해볼 수 있다. 실제적으로 많이 사용되는 방법 중 하나가 각 단계에서 모형에 진입시키는 특성변수를 고려하는 것인데, 이 경우 각 단계에서 고려되는 특성변수는 개별적으로 상세하게 기술되어야 한다. 이는 단계별 회귀분석과는 전혀 다른 방법이다 (〈표 5-2〉 참조).

이러한 기법을 사용하는 회귀분석 프로그램은 먼저 동일한 단계에서 특성변수들을 선정하게 되는데, 이때 전방진입법, 후방제거법 혹은 단계별 로지스틱 회귀분석 중 하나를 사용한다. 최소 결정기준을 통과한 특성변수는 평점표에 처음으로 추가된다. 예를 들어 '나이', '현 주소에서 거주기간', '현 직장에서 재직기간', '현 은행과의 거래기간' 등이 처음 반복과정(Iteration)에서 회귀되고 상관관계도 고려된다. 만약 '나이'가 가장 강력한 예측력을 가진 것으

<표 5-2> 회귀분석의 각 단계별 특성변수 정의하기

단계별	포함되는 특성변수
1단계	나이, 현 주소에서 거주기간, 현 직장에서 재직기간, 현 은행과의 거래기간
2단계	지역, 우편번호
3단계	크레딧뷰로 파일 기간, 현재 고객 여부(예/아니오)
4단계	3개월 내 조회 수, 6개월 내 조회 수, 12개월 내 조회 수
5단계	거래 연체 횟수, 3개월 내 거래연체비율, 현재 거래 수
6단계	이용도, 공공기록
7단계	개인파산

로 판명되었다고 가정하자. 그러면 '나이'가 평점모형에 포함되는 것이다. 동일 수준의 두 번째 반복과정에서 그 알고리즘은 이미 '나이'에 의해서 모형화된 예측력을 고려하면서 나머지 세 개의 특성변수를 평가하게 된다. 만약 나머지 특성변수들 중 하나 혹은 전부가 평점표에 충분한 예측력을 추가시킬 수 있다면 이 변수들은 모형 속에 포함될 수 있다. 만약 더 이상 특성변수들이 모형 속에 추가되거나 제거되지 않으면 회귀분석은 멈추게 된다.

1단계에 모형에 포함된 모든 특성변수는 2단계에 있는 모형에서 시작한다. 이 단계에서 회귀분석은 '지역'이나 '우편번호'를 고려하면서 1단계에서 이미 모형 속에 들어와 있는 특성변수들과 더불어 시작된다. 비슷한 분석들이 최종 평점표가 만들어질 때까지 각 단계별로 계속 이어져 실행된다. 이전 단계에서 모형에 포함된 특성변수들은 다음 단계에서 모형에 강제로 편입된다. x^2나 표준화된 추정치와 같은 통계적 측정치가 각 반복과정에서 예측력을 측정하는 데 사용된다.

경험이 많은 사용자는 리스크 프로파일 평점표를 사용해서 효과적으로 평점모형을 마무리 짓기 위해 다음과 같이 이 과정을 통제할 수 있다. 즉 상대적으로 취약하지만 선호되는 특성변수의 경우에는 모형 속에 포함되는 확률을 최대화시키거나 어떤 변수들에 대한 영향력을 최대화시키기 위해서 초기 단계에 배치될 수 있다. 그리고 강력한 특성변수들은 후기 단계에 배치되며 평점표에 들어가지 않을 수도 있는데, 이는 그 변수들의 예측 내용이 한 개 혹은 여러 개의 다른 결정기준에 의해 이미 모형개발에 적용되었을 수도 있기 때문이다. 또한 한 가지 강력한 결정기준의 행태를 대체시키고 난 후, 모형화하기 위해 상대적으로 취약한 여러 개의 결정기준이 예측력을 감소시키지 않은 범위 내에서 안정성을 지니기 위해 사용되기도 한다. 예를 들어, 평점표에 각기 200점을 추가시키는 5개의 특성변수가 각기 500점을 추가시키는 2개의 특성변수보다는 선호된다는 뜻이다. 생성된 이 모형은 효과적이며, 넓은 의미에서 리스크 프로파일을 만든다는 아이디어와 일치하게 된다.

일반적으로 특성변수들 사이의 상관관계도 고려될 수 있으며 이 상호관련된 특성변수들 중 최적의 변수가 평점표에 진입할 수 있도록 하기 위해 유사한 결정기준이 동일한 단계에 적용될 수 있다. 또한, 각 단계에서 상이한 독립정보유형을 개별적으로 고려해보는 것이 최종 평점표에 진입하는 각 정보유형에서 나온 변수들의 예측 가능성을 극대화시키게 된다. 회귀분석은, 가장 높은 평점표의 예측력을 얻기 위해서 상이한 단계에서 상이한 유의수준을 가지고 특성변수들의 다양한 결합을 이용해서 반복적으로 실행된다. 평점표에 대한 상이한 결합을 만들어내기 위해서 특성변수들은 보다 상위의, 혹은 보다 하위의 단계로 이동될 수 있다. 그런 다음에 이러한 평점표는 영업결정기준, 특성변수들의 결합, 통계적 측정력 등을 이용하여 평가된다.

3. 기각추론

지금까지 행해졌던 모든 모형개발 분석은 실적정보가 알려져 있는 계좌들에 근거를 두고 있었다. 이러한 계좌들은 일반적으로 '판명된 우량/불량 표본'으로 언급되고 있다. 신청 평점표는 모든 신용사용 신청인들의 행태를 예측하기 위해 개발되는데, 과거에 승인된 신청자들의 신용행태에만 의존하는 모형을 사용하는 것은 부정확하다고 할 수 있다(이른바 '표본 바이어스'). 이는 사전 승인/거절 결정이 체계적으로 이루어져 임의성(Randomness)이 없는 경우에 특히 해당된다. 즉, '승인' 모집단은 바이어스를 지닌 표본이며 기각 계좌들에 대해 대표성을 갖고 있지 못하다. 신용행태가 잘 알려져 있지 않은 사례에 대한 고려를 하기 위해서는 그 어떤 보완적 방법이 필요하다.

기각추론(Reject Inference)은 만약 사전에 체계적으로 기각된 신용사용 신청의 실적이 승인되었다고 가정했을 경우에 실제적으로 발생했을 신용행태를 추정하기 위한 과정이라고 할 수 있다. 즉, 거절된 계좌들을 결과적으로 나타난 실적그룹(우량/불량)에 배당하는 것이다. 모집단 내에서는 승인되었지만 실적을 통해 불량고객으로 판정날 수 있는 것처럼, 모집단 내에서 거절되었지만 사후 실적을 통해 우량고객이 될 수도 있다. 이 과정은 100% 승인율의 모집단 실적을 재구성함으로써 평점표 개발과정의 적절성을 평가할 수 있게 해준다. 〈그림 5-1〉은 어떻게 이 과정이 만들어질 수 있는지를 보여준다. 왼쪽 사각형은 이미 알려진 우량·불량, 그리고 거절된 신용사용 신청 계좌들로 이루어진 추론 전(Pre-inference) 그림을 나타낸다. 하지만 전체 신청자들에 적용될 수 있는 평점표를 개발하기 위해서는 오른쪽 사각형 — 우량 혹은 불량으로만 분류된 전체 신청자들을 나타내기 — 과 같은 그림이 필요하다.

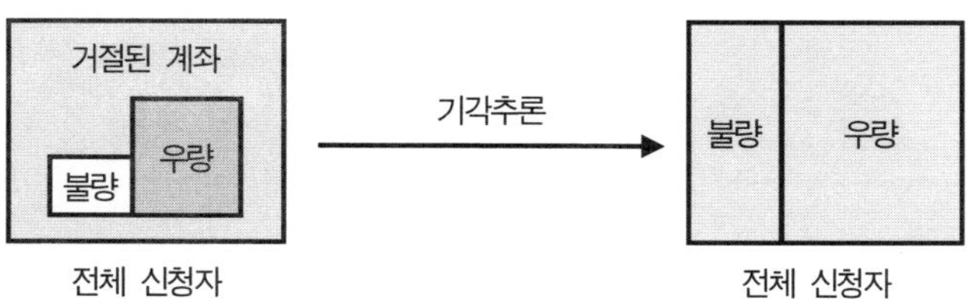

기각추론의 필요성

기각추론을 수행해야 하는 첫 번째 이유는 관련성의 문제이다. 즉, 기각된 부분을 무시하게 되면 표본 바이어스가 발생하여 전체 신청자 모집단에 포괄적으로 적용될 수 없는 평점표가 나올 수 있다는 것이다. 표본 바이어스의 문제는 지금까지 계속 언급되어왔다. 기각추론에서는 또한 과거 의사결정의 영향력을 평점표 개발과정에 반영하고 있다. 이는 특히 신용신청 시 영업부서 매니저나 보증인들에 의해 수동적으로 신용 정도가 판단되는 경우인 현장실무에서 그대로 통용되고 있다. 예를 들어, 1만 명의 신용사용 신청자 중에서 1,000명에게 심각한 연체문제가 있는 경우의 시나리오를 생각해보자. 신용평가부서에서는 이들 중 940명을 거절했고 60명만 승인했다고 하자. 일반적으로 사후 신용실적은 승인된 60명 대다수가 성과가 좋아서 '우량'으로 분류되었음을 보여주게 된다. 물론 여기서 이들은 이른바 오로지 유리한 경우에만 신용을 사용하고 신용기관의 수익성에는 전혀 도움을 주지 못하고 있는 '체리피커(cherry picker)'가 될 가능성이 높다. 따라서 평점표가 기각추론 과정을 통해 생성된 '우량 및 불량' 데이터를 이용해서 개발된다면, 이 평점표는 심각한 연체문제를 가지고 있는 사람 중에서도 신용도가 높은 사람들이 있을 수 있음을 알 수 있게 해준다. 기각추론은 이와 같이 왜곡된 '체리피킹' 효과를 중화시킬 수 있으며, 더 나아가 승인되었지만 결과적으로 체리피커가 될 수 있었던 가능성을 우량/

〈표 5-3〉 스왑 세트

		기존 평점표	
		승인	거절
새로운 평점표	승인	판명된 우량	추론된 우량
	거절	판명된 불량	추론된 불량

불량 실적에 반영시킴으로써 심지어 정책기준까지도 중화시킬 수 있게 된다.

의사결정 관점에서 본다면, 기각추론은 모든 신청대상자에 대해서 정확하고 현실적인 기대 실적을 예측할 수 있도록 해준다. 예를 들어, 전통적으로 기존 평점표를 사용해서 신용평점 200점 이상이 되는 신청자들은 모두 신용사용 신청을 승인해주었던 은행을 생각해보자. 그러나 그동안 지나치게 보수적으로 신용정책을 집행해왔다고 생각하여 이제는 신용평점 170~200점의 신청자들에게 신용사용을 승인해주고자 한다. 만약 과거에는 이와 같은 신청자에게 결코 신용사용을 허가해주지 않았다면, 이 은행은 판정기준을 하향조정함으로서 안게 될 신용 리스크의 증가수준을 어떻게 알게 될까? 해답은 기각추론이다. 기각추론은 과거에 기각되었던 개인들의 신용평점에 의해서 불량률을 추정할 수 있기 때문에, 이에 대한 해답을 구하는 데 많은 도움을 주고 있다. 기각추론은 또한 '스왑 세트(Swap Set)' 규명을 통해서 보다 향상된 실적을 만들어내고 있다. 스왑 세트란 '판명된 불량'을 '추론된 우량'으로 교환하는 것을 의미한다(〈표 5-3〉 참조).

여기서, '추론된 우량'은 과거에 기각되었지만 기각추론을 통해서 잠재적 우량으로 규명된 개인들이다. 이러한 개인들은 미래에 신용사용이 승인될 신청자 유형이다. 새로운 평점표는 기존 평점표에서 승인한 '판명된 불량'을 거절하게 되는데, 결과적으로 '추론된 우량'으로 교환이 되어 같은 수의 고객들을 승인하게 되므로 보다 훌륭한 선택을 통해서 보다 향상된 실적을 얻을

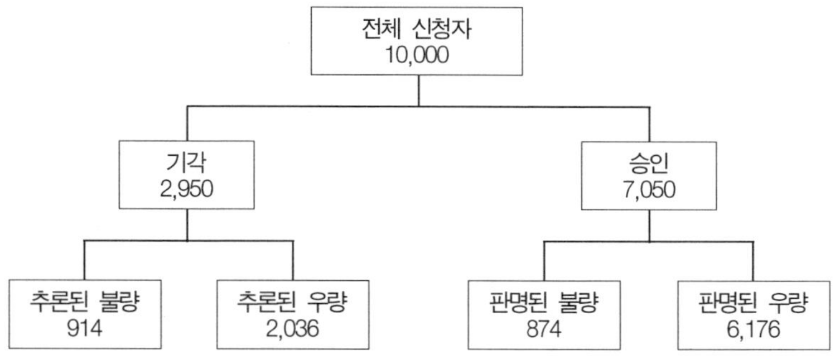

수 있는 기회를 신용공여기관에게 부여하게 된다. 이러한 요인들은 의사결정자로 하여금 보다 향상되고 보다 정보제공적인 의사결정을 할 수 있게 만들어주는데, 이는 기각추론이 단순히 통계원칙을 따르는 것 이상이라는 사실의 근거가 되고 있다.

기각추론이 미지의 상황을 예측하는 데 효과적으로 사용될 수 있으나 항상 어느 정도의 불확실성을 수반한다는 점을 인식해야 한다. 그러나 불확실성의 수준은 보다 향상된 기법을 사용하고 현명한 판단을 함으로써 낮아질 수 있다. 또한 의사결정자는 기각추론이 보다 향상된 의사결정을 내릴 수 있도록 해주지만 100% 정확한 것은 아니라는 사실을 반드시 이해해야 한다.

판명되고 추론된 우량 및 불량으로 이루어진 모집단 ― 일명 모든 우량/불량 데이터 세트 ― 이 최종 평점표를 만들기 위해 사용된다. 표본은 기각추론이 이루어지고 난 후에 요인별로 분해된다(〈그림 5-2〉 참조).

실제 승인비율이 70.5%(7,050명)이고 실제 모집단 불량비율이 12.4%(874명)이라고 가정한다면, 추론표본은 100% 승인된다는 전제하에서 전체 불량비율이 17.9%[(874+914) / 10,000]가 되고 있음을 보여준다. 추론된 모집단에서의 불량비율은 약 31%(914 / 2,950)임을 유의할 필요가 있다. 이는 바로 기각추론이 정확하게 이루어졌음을 확인하는 관련성 검증이 된다. 만약 추론된 모집단이 판명된 모집단보다 낮은 불량비율을 갖는다면, 이는 기각된 집단이 사실상 금융기관에 의해 승인된 집단보다 우수한 질의 신용도를 갖고 있음을 의미하는 것이다.

기각추론의 기법

- 기각된 계좌 모두를 불량고객으로 배정하기 : 이 접근방법은 일반적으로 타당성이 결여되어 있다. 왜냐하면 다년간 현장에서 획득된 자료를 통해서 실증분석을 했을 때, 기각된 신청자 중에서도 상당 부분 우량고객이 배출된다는 것이 판명되기 때문이다. 이 방법이 수용될 수 있는 유일한 상황은 승인률이 매우 높아서(예컨대 97%) 신용판정과정에 상당한 신뢰가 있는 경우이다.

- 기각 집단을 승인 집단의 우량 / 불량 비율과 동일하게 배정하기 : 이 방법이 타당하기 위해서는 현재 사용 중인 신청자선별시스템이 일관성이 있으면 안 된다는 가정이 전제되어야 하는데, 이는 신용신청에 대한 의사결정이 현재까지는 임의적으로 이루어져 왔음을 의미한다.

- 기각된 집단을 전부 무시하기 : 승인된 신청자만을 대상으로 평점 시스템을 구축하는 것을 말한다. 이 방법은 2단계 과정이다. 먼저 현재 시점에서 승인된 계좌들을 선별하고, 그 다음으로 모든 승인된 계좌에 대해서는 신용점수로 평가를 하지만 미리 설정된 분리판정점 이하의 계좌들은 신용사용이 거절된다.

- 모든 신청자를 승인하기 : 이 접근법은 기각된 계좌들의 실질적(추론된 것이 아닌) 성과를 발견해내는 유일한 방법이다. 이는 특정 기간 동안(예를 들면, 3개월)은 신청자들을 모두 승인하는 것을 말한다. 이 방법은 진정한 '창구에서 실행된(Through the door)'모집단의 표본 및 이들의 실적을 수

수집하도록 해주고 있다. 말할 필요도 없이, 승인된 신용신청서들은 평점의 모든 범위를 대표하는 것이어야 하며, 기각된 계좌들의 불량비율을 과소평가하거나 과대평가해서는 안 된다. 이 방법이 가장 과학적이면서도 단순하지만, 신용 리스크가 클 것으로 기대되는 신청자까지도 승인한다는 아이디어는 바람직스럽지 않을 수 있다. 그러나 상당기간 동안 매번 모든 신청자를 개별적으로 승인할 필요는 없다.

- 내부 혹은 크레딧뷰로 자료에 근거한 방법 : 이 방법은 한 대출상품에 대해서는 거절되었지만 같은 신용공여기관의 다른 대출상품에 대해서는 승인을 받은 신청자들에 대한 내부(In-House) 실적자료를 사용하는 것이다. 마찬가지로, 한 신용공여기관에 의해서는 거절되었으나 다른 신용공여기관에 의해서는 승인된 신청자들에 대한 크레딧뷰로(CB)에서의 실적 자료를 이용하기도 한다.

- 단순 확장 : 이 방법은 4단계로 이루어져 있다. 첫 번째 단계는 '판명된 우량/불량' 계좌들을 사용해서 모형을 구축한다. 두 번째 단계는 구축된 모형을 이용해서 기각된 계좌들의 신용점수를 평가하고 이 계좌들의 기대 불량비율을 정하는 것이다. 세 번째 단계는 상당수의 계좌가 '불량'이 될 수밖에 없는 예상 불량비율 수준을 결정하고 이 수준 밑에 있는 모든 신청자는 역으로 '우량'으로 분류한다. 네 번째 단계는 '추론된 우량/불량'을 '판명된 우량/불량'에 추가시키고 다시 모형을 만든다. 이 방법은 단순하나, 몇 가지 결점이 있다. 기각된 계좌들을 우량 및 불량으로 분류하는 것이 임의적이라는 것이다. 다음으로 '판명된 우량/불량' 데이터를 이용해서 만들어진 평점표는 우량 및 불량을 분류하는 데 사용되는 유일한 장치이기 때문에 강력한 판별력을 가질 필요가 있다. 이 방법은 또한 기각되었지만 승인받을 수 있는 계좌들에 대한 확률을 고려하지

않는다. 따라서 기각된 계좌들은 판명된 우량/불량 계좌의 비율로 통합된다.

- 모형의 계수를 이용한 확장 : 이 방법은 승인확률 추정치(판명된 모집단에 포함될 확률)를 이용해서 '판명된 우량/불량'에 기초한 모형의 계수를 조정하는데, 단순 확장방법의 특정 결점을 교정할 수 있다. 첫 번째 단계는 각 계좌에 대해 승인 혹은 거절의 확률을 구하기 위해 승인/거절 모형을 구축한다. 두 번째 단계는 오직 '판명된 우량/불량'(승인된 계좌들) 및 사전에 결정된 승인/기각 가중치들을 근거로 하여 형성된 모집단 분포를 이용하여 우량/불량 모형을 구축한다. 이 방법은 승인확률을 상황에 따라 교정할 수 있기 때문에 단순 확장보다 효과적인 방법이라 할 수 있다.

4. 최종 평점표

척도조정　　최종 평점표는 사후 추론된 데이터세트에 기초해서 초기 특성분석 및 통계 알고리즘을 통하여 만들어져서 그 특성표에 적합한 최종 특성변수들을 산출해낸다. 이 단계에서 예비 평점표에서 선정된 특성변수들로만 국한시킬 이유는 없다. 기각추론 후, 몇몇 특성변수들은 예측력에 변화가 생겨 보다 약해지거나 강해질 수 있기 때문에, 우량/불량으로 2분화된 전체 개발 데이터세트를 고려해서 특성변수 선정과정이 반복될 필요가 있다.

평점표는 다양한 형태로 만들어질 수 있으며, 이 경우 먼저 척도가 조정되어야 한다. 척도조정(Scaling)이란 평점표를 통해 만들어지는 평점의 범위 및 형태와 평점 증가비율에 있어서의 변화율을 말한다. 평점은 다음과 같은 경우를 이용하여 소수점이나 비연속숫자의 형태로 만들어지는 점수이다.

- 평점이 우량/불량 비율 혹은 불량확률(예를 들면, 평점 6은 6 : 1의 우량/불량 비율이거나 6%의 연체확률)인 경우
- 숫자로 정의된 최소/최대 척도(예를 들면 -1, 0~1,000, 150~300)를 이용
- 어떤 점수에서의 특정 우량/불량비율(예를 들면 500점에서의 5 : 1 비율)
- 우량/불량 비율의 특정 변화율(예를 들면 50점마다 2배)

척도조정 방법에 따라 평점표의 예측력이 바뀌지는 않는다.

실무에서는 다양한 척도가 사용되고 있다. 가장 널리 사용되는 방법 중 하나가 20점 증가할 때마다 우량/불량 비율이 2배로 커지도록 대수적으로(Logarithmically) 척도가 이루어진 비연속 점수를 이용한 평점표이다. 일반적으로, 우량/불량 비율과 평점의 관계는 다음과 같은 선형적으로 변형된 식으로 나타낼 수 있다.

$$\text{평점} = \text{기본점수} + \text{요인계수} \times ln\,(\text{우량/불량 비율}) \quad \cdots \cdots \quad ①$$

평점표가 어떤 평점에서 특정 우량/불량 비율 및 특정 2배율점수(우량/불량 비율을 2배로 만드는 점수)를 사용하여 개발되는 경우, 요인계수와 기본점수는 다음과 같이 ①, ② 식을 동시에 계산해서 쉽게 구할 수 있다.

$$\text{평점} + \text{2배율점수} = \text{기본점수} + \text{요인계수} \times ln\,[2 \times (\text{우량/불량 비율})] \quad \cdots \cdots \quad ②$$

2배율점수를 구하기 위해서는 ② 식에서 ① 식을 차감해야 한다. 그러면 결과는,

$$\text{2배율점수} = \text{요인계수} \times ln\,2 \quad \cdots \cdots \quad ③$$

따라서 ③ 식에서

요인계수 = 2배율점수 / ln 2

① 식에서

기본점수 = 평점－〔요인계수 × ln (우량/불량 비율)〕

예를 들어, 만약 600점에서 우량/불량 비율이 50 : 1이고 매 20점마다 우량/불량 비율이 2배로 증가하는 (2배율점수 = 20) 방식으로 평점표의 척도가 조정되었다면 요인계수 및 기본점수는 다음과 같이 구해진다.

요인계수 = 20 / ln 2 = 28.8539
기본점수 = 600－〔28.8539 × ln (50)〕= 487.123

이 결과를 이용해서 특성변수 각 속성의 우량/불량 비율에 해당하는 평점은 다음과 같이 계산될 수 있다.

각 속성의 평점 = 487.123 + 28.8539 × ln (우량/불량 비율)

평점표는 증거비중(Weight of Evidence)을 투입변수로 사용해서 개발될 수도 있으므로 앞에서 언급한 관계는 다음과 같이 변형될 수도 있다.

평점 = ln (우량/불량 비율) + 기본점수

$$= -[\sum_{j,\,i=1}^{k,\,n}(\mathrm{we}_i \times \beta_i) + a] \times 요인계수 + 기본점수$$

$$= -[\sum_{j,\,i=1}^{k,\,n}(\mathrm{we}_i \times \beta_i + a/n)] \times 요인계수 + 기본점수$$

$$= \sum_{j,\,i=1}^{k,\,n}[-(\mathrm{we}_i \times \beta_i + a/n) \times 요인계수 + 기본점수/n]$$

여기서 we = 그룹화된 각 속성의 증거비중

β = 각 특성변수에 대한 회귀분석 계수

a = 로지스틱 회귀모형의 절편

n = 특성변수의 개수

k = 각 특성변수에서의 그룹화된 속성의 개수

점수배정　　일단 최종 평점표가 만들어지면, 각 속성에 대한 점수배정 및 전체 예측력에 대한 평가가 이루어져야 한다. 이때 점수배정은 초기 특성변수 분석에서 수립된 동향을 따르며 논리적으로 타당해야 한다. 〈표 5-4〉는 '나이'라는 특성변수에 대해서 두 개의 평점표(분리되어 개발된)가 점수배정을 어떻게 하고 있는지를 보여주고 있다.

평점표 1은 논리적 분포를 가지고 있다. 즉, 나이가 많아질수록 신용신청자들에게 보다 많은 점수가 부여된다. 이 같은 결과는 속성비중분포 및 실무경험과 잘 맞아 떨어진다. 그러나 평점표 2는 속성 '27~29'에서 반전현상을 보이고 있다. 이 같은 현상은 속성들 사이의 높은 상관관계나 표본자료가 약간 정상적이지 않을 때 발생하곤 한다. 또한 그룹화된 두 속성들이 충분히 이질적이지 않을 때 발생하기도 한다. 만약 평점표를 만들 때 논리적으로 타당한 그룹화가 만들어지고 증거비중을 이용해서 회귀분석이 이루어진다면 이런

〈표 5-4〉 점수배정의 논리적 분포

나이	속성비중	평점표 1	평점표 2
Missing	-55.50	16	16
18~22	-108.41	12	12
23~26	-72.04	18	18
27~29	-3.95	26	14
30~34	70.77	35	38
35~44	122.04	43	44
44+	165.51	51	52

종류의 반전현상은 발생하지 않는다. 원자료가 가공되지 않고 회귀분석의 투입변수로 그대로 사용되고 다른 방법을 통해 점수가 배정되는 경우에 이러한 현상이 발생하는 경향이 있다. 〈표 5-4〉에서 보듯이, 나이 속성 '27~29'에서만 반전현상이 나타나고 나머지 다른 속성들의 점수배정은 논리적으로 타당하기 때문에 점수배정은 정상적으로 이루어진 것으로 판단해도 무방하다. 반전현상의 심각성에 따라서, 그리고 나머지 속성들의 배정된 점수의 순서에 따라서 특성변수들의 재그룹화 및 단계별 회귀분석의 수정 등이 필요할 수도 있다. 통계적으로 그리고 기능적으로 만족스러운 평점표가 만들어질 때까지 이 과정은 계속 반복적으로 이루어져야 한다.

신용평점모형의 개발 (III)
: 적용절차

　　신용평점모형이 개발되고 나면, 먼저 개발된 신용평점표의 효과를 측정하기 위해 다양한 기법을 활용한 모형적합성 검증 작업이 이루어지게 된다. 이러한 적합성 검증 절차를 거쳐 개발된 평점표의 변별력이 입증되면, 실제 업무에 적용하기에 앞서 평점표를 IT로 구현하는 설치계획(Installation Planning)이 수립되어야 한다. 설치계획 수립에는 신용평점 시스템 실행을 위한 제반 고려사항 ― 애플리케이션 처리 소프트웨어(Application Processing Software), 처리시간 등 운영상의 제약조건 ― 에 대한 검토, 신용평점표뿐 아니라 다양한 신용정책 사항에 대한 고려, 관련 직원에 대한 교육계획 등이 포함되어야 한다.

　　설치계획이 마련되면 신용평점 시스템에 대한 전산 테스트가 이루어진다. 테스트는 신용평점 시스템이 요건 정의서(Specification)에 따라 잘 가동되고 있는지를 점검하게 되는데, 무결성(Integrity), 데이터 흐름, 응답시간, 성과 추적 등에 초점을 맞추고 있다. 전산테스트가 진행되는 동안 실제로 신용평점을 사용하게 되는 부서에서는 투입요소를 점검하고 각 특성변수의 값을 계산하며, 신용평점과 상호 관련이 있는 제반 정책기준들을 테스트하고, 분리판정점(Cut-Off) 전략과 최종 승인정책을 수립하게 된다.

1. 평점표의 모형적합성 검증(Validation)

평점표의 성능이 좋다는 것은 우량과 불량을 판별하는 능력이 뛰어나다
는 것을 의미한다. 즉 평점표의 성능이 좋을수록 우량고객과 불량고객을 더욱
잘 구별하게 된다는 것이다. 이러한 평점표의 성능은 모형의 변별 능력에
대한 평가를 통해 측정된다. 평점표의 변별력을 측정하기 위해서는 다양한
측정지표들이 이용되는 데, 측정지표들은 여러 표본에 대해 측정했을 때 일관
되게 유사한 값을 보여야 하며, 우량과 불량 구분효과를 측정할 수 있어야
하고, 표본의 크기에 영향을 받지 않고 표준오차 등을 통해 측정지표의 정확도
를 추정할 수 있어야 한다.

**측정지표의
종류**

평점표의 변별력을 측정하기 위한 지표로는 K-S 통계량,
발산(Divergence), 지니(Gini) 계수가 주로 이용된다.
K-S(Kolmogorov-Smirnov) 통계량은 최소 오분류율(Mini-
mum Classification Error Rate)과 동일한 개념으로 사용되는 통계적 수치로서
변별력 측정 시 가장 많이 이용되는 지표이다. K-S 통계량은 우량차입자의
신용점수에 대한 누적 분포함수 값과 이에 대응되는 불량차입자의 신용점수에
대한 누적 분포함수값 차이에 대한 최대값으로 정의된다. 이 통계량 값은
크면 클수록 신용평점모형의 변별력이 우수하다고 판단할 수 있으며, 일반적
으로 32% 수준 이상일 경우 정상 수준, 50% 수준일 경우 우수한 것으로
판단된다. 신용평점의 절대값에 상관없이 신용평점의 순위만 매겨져 있으면
(Rank- Ordering) 적용할 수 있는 측정지표이다.

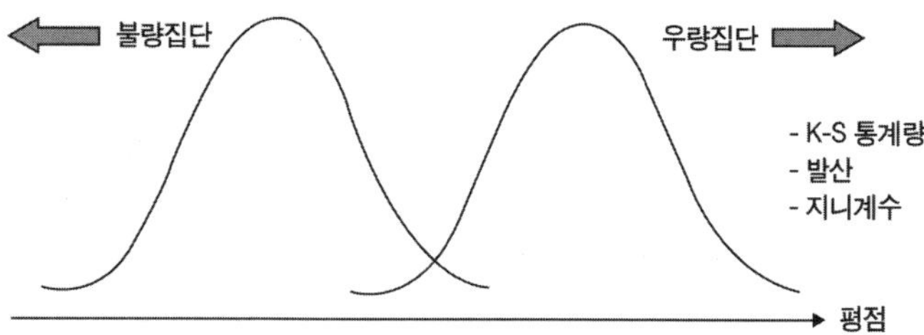

〈그림 6-1〉 모형의 변별력

$$D = max_g \mid F_G(s) - F_B(s) \mid$$

여기서 F_G는 우량집단의 누적분포함수, F_B는 불량집단의 누적분포함수이다.

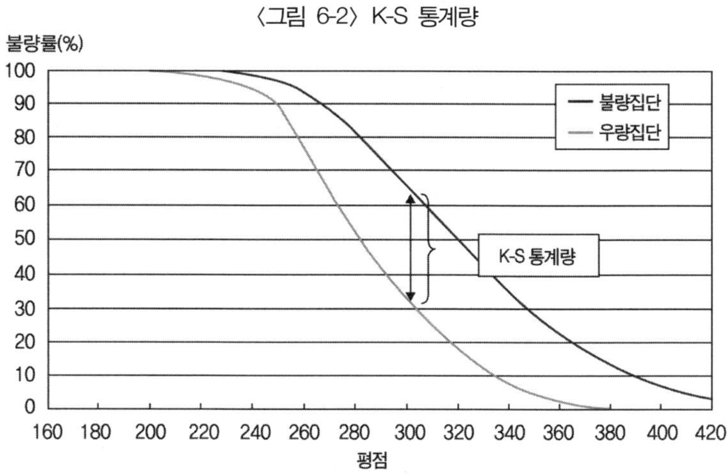

〈그림 6-2〉 K-S 통계량

발산(Divergence)값은 우량과 불량집단 간 평균 신용평점의 거리를 측정하는 것으로 순위(Rank-Ordering)뿐만 아니라 신용평점의 절대값에 따라 달라진다.

$$Divergence = \sqrt{\frac{(\mu_G - \mu_B)^2}{\frac{(\sigma_G^{\,2} + \sigma_B^{\,2})}{2}}}$$

발산값은 우량분포와 불량분포의 평균과 분산으로 계산되며, 일반적으로 0.5 이상일 경우 정상적인 수준이며, 1.0 수준 이상일 때, 우수한 것으로 평가된다.

지니(Gini) 계수는 우량분포와 불량분포의 누적분포를 각각의 축으로 선형직선과 분포에 의한 면적의 비율로 구하는 것이다. 누적불량비율에 대한 누적우량비율 그래프와 $y=w$ 그래프 사이의 면적이 클수록 변별력이 높다. 지니 계수는 로렌츠 지수(Lorentz Index), 소머스 D 통계량(Somers' D Statistics), ROC 곡선(Receiver Operating Characteristic Curve) 등과 동의어로 사용되며 분포의 꼬리(Tail) 부분을 통해 유도되므로 절사(Truncation)에 의해 심하게 바이어스가 발생할 수 있다. 지니 계수와 K-S 통계량은 모집단의 우량·불량 비율(Odds)에 무관하며 신용평점의 절대값에 상관없이 순위에만 의존한다는 점에서 서로 유사한 특징을 갖는다. K-S 통계량은 지니 계수보다 작은 값을 가지며(K-S 통계량 < 지니 계수), K-S 통계량은 지니 곡선 안에 내접하는 가장 큰 삼각형의 넓이가 된다. 지니계수는 항상 −1에서 +1 사이의 값을 가지며 변별력이 정확한 신용평점모형의 경우는 +1에 근접한 값을 가지게 된다.

이와 같이 신용평점모형의 변별력을 측정하는 다양한 통계적 수치가 존재함에도 불구하고 이러한 수치들을 이용하여 직접적으로 평점표를 비교하는 것은 어느 정도 제한적이며, 결론을 내림에서도 상당한 주의가 필요하다. 직접적인 평점모형의 비교는 통계적으로 나타나는 오차를 효과적으로 통제하고 무엇보다도 동일한 데이터를 기반으로 비교 분석이 이루어져야 가능하며, 효과적이고 공정한 비교분석을 위해 표본의 신중한 선택이 요구되고 있고 또한 검증표본(Hold-out Sample)에 기반을 둔 변별력 측정이 중요하다. 만일 이러한 절차가 무시된다면 변별력을 나타내는 다양한 통계적 수치는 데이터에 과잉맞춤(Over-Fitting)되어 실제로는 그렇게 변별력이 높지 않지만 높은

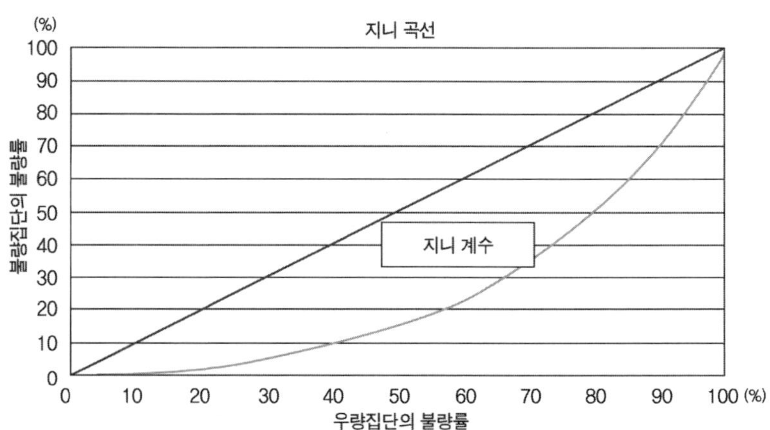

변별력이 있는 것처럼 나타나는 리스크에 빠지게 된다. 이러한 경우, 개발표본과는 구조적으로 비슷한 표본이지만 독립적인 검증표본을 사용하여 변별력을 측정하면 매우 낮은 변별력이 나타나며 신용평점모형의 안정성도 매우 낮아지게 된다.

또한 평점표의 변별력을 측정하는 통계적 수치들이 모형의 적합성을 검증하는 상대적인 기준이 될 수는 있으나, 중요한 점은 비즈니스적인 면에서 성과 향상이 있어야 한다는 점에서 반드시 승인율과 불량률을 확인하는 것이 필요하다. 즉 승인율과 불량률을 이용한 스왑 세트(Swap Set) 분석이 추가적으로 필요하다. 스왑 세트 분석은 모집단의 우량·불량 비율(Odds) 및 기존의 신용 전략에 의존하며, 불량률 유지 - 승인율 향상, 승인율 유지 - 불량률 감소 효과를 분석함으로써 기존 전략에 대해 새로운 전략 수립의 판단 근거를 제시한다.

〈그림 6-4〉 스왑 세트 분석

스왑 세트 분석방법 1

기존 평점표

		기각	승인
신규 평점표	기각	A %	B %
	승인	C %	D %

〈동일 불량률하에서〉
사전 승인율: (B + D)%
사후 승인율: (C + D)%
향상: (B + C)% 스왑 세트

스왑 세트 분석방법 2

기존 평점표

		기각	승인
신규 평점표	기각	E %	F %
	승인	G %	H %

〈동일 승인율하에서〉
이득: (G - F)% 우량계좌
우량계좌(추정 포함)

2. 평점표의 적용

평점표는 비즈니스 목적으로 개발되므로 일단 평점표가 개발되면 비즈니스 목적을 달성하기 위해 평점표를 어떻게 사용할 것인지를 결정해야 한다. 이를 위해서는 분리판정점(Cut-off) 설정, 최초 신용한도 부여 및 자동 신용한도 상향조정 조건 설정, 정책기준 설정, 필요하다면 신규 전략의 실행 등 리스크에 근거한 가격설정에 대한 의사결정과 이들 이슈에 대한 성과분석이 포함된다. 전형적으로 유효성 검증 보고서(Front-end Validation Reports)와 성과예측 보고서(Expected Performance Reports)가 이러한 목적에 사용된다.

1960~1986년경까지만 해도 신용평점이 개발되면, 신용평점을 기준으로 분리판정점을 설정하여 승인 또는 거절의 의사결정을 내리는 매우 단순한 예/아니오(Yes/No)의 의사결정에 이용되었다. 이후 의사결정이 보다 정교화되어 기존 전략을 적용하는 경우(Champion)와 새로운 전략을 적용하는 경우

(Challenger)를 동시에 운용하여 전략의 성과를 비교하면서 새로운 전략을 선택해나가는 형태로 진전되었다. 이러한 기존 전략/신규전략(Champion-Challenger) 분석에서는 전략이 의사결정 나무(Decision Tree)로 표현되며 새롭게 적용되는 조치들(예를 들면 한도조정)이 매개변수로 설정되어 기존전략과 신규전략의 적용효과를 분석할 수 있게 된다.

이러한 신용평점 적용의 효과가 극대화되기 위해서는 모형개발을 위한 분석기능, 신용평점 시스템이 가동되는 전산환경, 그리고 실무에서 신용평점을 활용하는 기능 등 세 가지가 제대로 맞물려 움직여야 가능하며, 이 과정에서 신용평점이 전체 조직원들의 의사소통 수단으로 적극 활용될 수 있는 환경 조성이 무엇보다 중요하다는 점이 인식되어야 할 것이다.

단일평점/복수 평점의 적용

특정 집단에 대해 단일 평점표가 사용된다면 평점전략은 단순하다. 신청고객은 평점표에 의해 평점이 매겨지게 되고 설정된 분리판정점에 따라 의사결정이 내려진다. 그러나 복수의 평점 예를 들어 연체, 이탈, 파산, 수익성평점 등이 사용되고, 내부의 평점을 보완하기 위해 외부의 크레딧뷰로(CB) 평점까지 사용하는 경우가 있다. 이와 같이 복수 평점을 사용하는 경우의 기본적인 접근방법은 세 가지로 구분된다.

첫째, 순차적 적용(Sequential)이다. 순차적 적용은 신청인이 각각의 평점표에 따라 순차적으로 평점이 매겨지고 각각 별개의 분리판정점이 적용되어 승인 여부가 결정되는 방법이다. 〈그림 6-5〉는 각각의 신청에 대해 세 가지의 평점이 적용되는 예이다. 의사결정 기준으로 통과, 기각 외에 심사역 심사(Refer)가 적용될 수도 있으나, 순차적용 전략은 절대적인 최저기준치(Hurdle Rate)가 적용될 때 가장 잘 활용될 수 있다. 예를 들면, 신청인은 승인을 받기

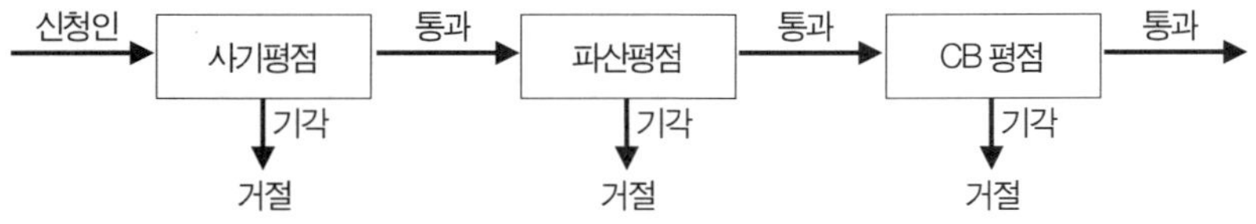

〈그림 6-5〉 평점의 순차적 적용 사례

위해서는 반드시 최저 파산평점, 최저 크레딧뷰로 평점을 통과해야 하며, 통과시키거나 기각시키기 애매모호한 회색지대(Gray Zone)는 존재하지 않는다. 회색지대를 운용하는 경우에는 매트릭스 전략이 우수하다.

둘째, 매트릭스 전략이다. 매트릭스 전략은 복수의 평점표의 분리판정점을 조합하여 동시에 의사결정이 이루어지는 방법이다. 〈표 6-1〉은 회색지대를 운용하는 리스크 및 이탈평점 매트릭스 사례이다.

이 방법은 서로 다른 유형의 상호 독립적인 정보들로부터 균형 잡힌 선택이 필요한 경우 사용된다. 한 평점표의 좋은 평점과 다른 평점표의 나쁜 평점 간에 균형을 맞출 필요가 있을 때, 예를 들면 이탈 가능성은 높지만 연체 리스크가 낮은 고객을 승인할 것인가 아니면 연체 가능성은 있지만 상각까지 전이될 가능성은 낮은 고객을 승인할 것인가와 같은 문제에서 사용된다.

〈표 6-1〉의 사례를 통해 다음을 알 수 있다. 높은 리스크 평점(낮은 리스크)과 높은 이탈평점(이탈 가능성이 낮음)을 가진 고객들은 승인된다. 리스크 평점과 이탈평점이 모두 낮은 신청 고객은 기각된다. 회색지대에 속하는 고객들은 심사역이 심사한다. 낮은 리스크 평점과 높은 이탈평점(리스크가 높으면서 이탈 가능성이 낮은) 고객은 거절된다. 이러한 평점간의 균형은 금융회사의 비즈니스 우선순위와 평점표 사용 목적에 의존한다. 가장 일반적인 것이 자체 평점과 크레딧뷰로(CB) 평점(자사의 성과와 다른 금융회사의 평점 간의 균형), 연체평점과 수익성평점, 연체평점과 고객이탈평점, 연체평점과 파산/상각(연

<표 6-1> 매트릭스 적용 사례

<table>
<tr><td rowspan="2"></td><td rowspan="2"></td><td colspan="5">이탈평점</td></tr>
<tr><td>0~549</td><td>550~619</td><td>620~649</td><td>650~699</td><td>700 이상</td></tr>
<tr><td rowspan="5">내부
리스크
평점</td><td>0~189</td><td colspan="3">거절</td><td rowspan="2">심사</td><td>거절</td></tr>
<tr><td>190~209</td><td rowspan="2">거절</td><td colspan="2" rowspan="2">심사</td><td rowspan="4">승인</td></tr>
<tr><td>210~229</td><td rowspan="3">승인</td></tr>
<tr><td>230~249</td><td colspan="2" rowspan="2">심사</td><td rowspan="2">승인</td></tr>
<tr><td>250 이상</td><td>심사</td><td>승인</td></tr>
</table>

체는 하지만 결국에는 상환하는 계좌를 분리) 간의 균형이다. 여기서 유념해야 할 것은 두 가지 측정기준이 상호 독립적이어야 하며 상호경쟁적인 정보를 제공해야 한다는 점이다. 필요하다면 3차원 평점 적용도 가능하다.

셋째로, 매트릭스와 순차적 적용을 혼용하는 것이다. 매트릭스와 순차적 적용을 혼합하는 경우는 신용신청인이 먼저 순차적 접근법에 따라 최소 필요 조건을 충족시키게 되면 매트릭스전략을 적용하는 것이다. 예를 들면, 신청고객은 가장 먼저 파산평점의 분리판정점을 통과하고 나서 연체/이익/이탈 평점으로 구성된 매트릭스 전략이 적용된다. 이 접근법은 다차원 매트릭스 전략보다는 단순하며 순차적용보다는 탄력적으로 적용될 수 있다. 이 방법은 세 가지 이상의 평점표가 이용되고, 서로 상충되는 이해관계를 조정할 때 많이 활용된다. 혼합전략은 사전적으로 적용되는 정책기준과도 결합하여 적용될 수 있다.

분리판정점 설정 및 운용   신용평점은 금융회사가 신용신청 고객을 심사할 때 승인 및 거절을 판정하는 기준으로 널리 활용되고 있다.

예를 들어, 개발 당시 데이터의 득점이 200점인 경우 시스템을 도입하기 전의 경험적인 수치인 70%의 승인률을 재현할 수 있다면 이 득점을 시스템 도입 초기에 분리판정점으로 설정할 수 있다. 1개월이 지난

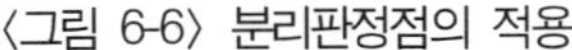

〈그림 6-6〉 분리판정점의 적용

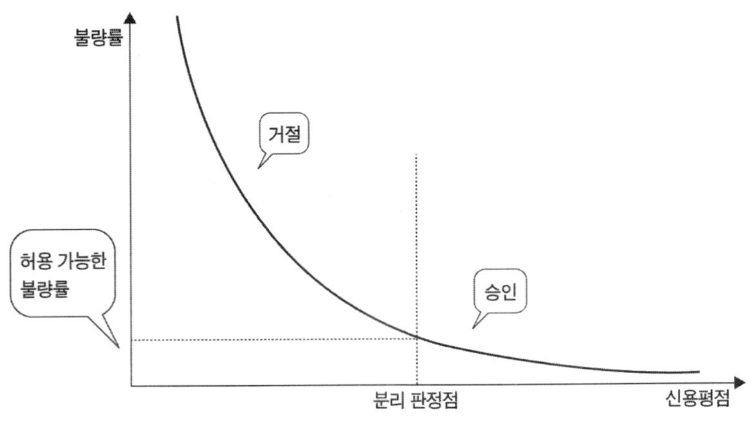

후 신뢰성 있는 승인율이 확정될 수 있을 정도로 득점을 매긴 신청서가 충분하다면 승인율이 75%나 65%로 이동할 수도 있다. 득점의 전체적인 분포가 위로, 혹은 아래로 조금 이동했을 뿐, 개발당시의 표본이 전체적 분포와 비슷하다면 약간의 분리판정점 조절을 통해 원하는 승인율을 올릴 수 있다(〈그림 6-6〉).

분리판정점 선정을 위해서는 전략곡선(Strategy Curve)을 활용하여 승인율과 불량률 간의 트레이드오프를 분석하게 된다. 전략곡선은 모집단의 우량·불량 비율 및 기존의 신용정책에 의존하며 기존 전략에 대해 새로운 전략 수립의 판단근거를 제시한다. 신규 평점의 경우에는 전략곡선을 통해 승인율 유지 - 불량률 개선 또는 불량률 유지 - 승인율 개선 여부를 분석하여 전략적 선택을 내리게 된다. 즉 허용 가능한 불량률을 나타내는 평점을 분리판정점으로 선택하거나, 적정한 승인율을 유지하도록 하는 수준의 평점을 분리판정점으로 선택하게 된다(〈그림 6-7〉).

이익에 근거한 분리판정점(Profit Based Cut-Off)은 추가적인 신청자가 포트폴리오에 추가하는 이익이 0이 되는 평점을 분리판정점으로 설정하게 된다.

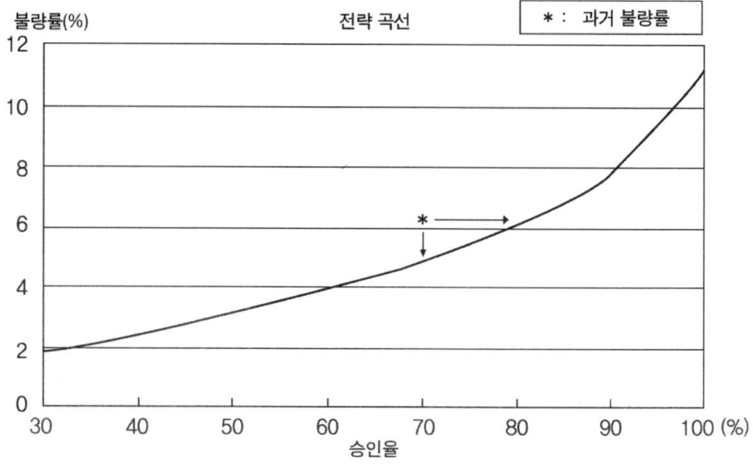

이 경우 손익분기 우량·불량 비율(Break-Even Odds)은 '불량의 손실/우량의 수익'으로 계산되며, 손익분기 불량률(Break-Even Bad Rate)은 '우량의 수익/(불량의 손실＋우량의 수익)'이 된다. 그러나 이렇게 결정된 분리판정점을 통해 달성되는 이익규모가 기업경영에서 요구되는 자기자본이익률(ROE) 목표치에 미달하게 되는 경우도 발생할 수 있으며 이 경우 자기자본 이익률 목표치를 고려하여 분리판정점이 수정된다. 이렇게 분리판정점이 선정되면 스왑 세트(Swap Set) 분석을 통해 기존 신청자 중 새 평점표에 의해서 승인과 거절이 뒤바뀌는 고객에 대해서 성과를 분석함으로써 평점표에 의한 심사능력의 개선을 확인하게 된다.

금융회사에 따라서는 모든 고객집단에 동일한 분리판정점을 설정하는 대신 서로 다른 고객집단에 대해서 다른 분리판정점을 적용하는 경우. 예를 들어 인터넷 신청 건에 대해서는 높은 분리판정점을 적용하고 우량 직업군에 대해서는 낮은 분리판정점을 적용하는 계층적 분리판정점(Stratified Cut-Off)을 적용하기도 한다.

또한 금융회사들은 신용신청심사과정에서 일정 평점을 상회하는 경우 자동승인, 일정 평점에 미달하는 경우 자동으로 거절함과 동시에 자동승인과 자동거절의 중간에 위치한 일정 평점구간에 대해서는 심사담당자가 심사를 통해 승인 여부를 다시 판정하게 하는 재심사(Override) 프로세스를 운영하고 있으며, 이때 적용되는 분리판정점이 소프트 분리판정점(Soft Cut-Off)이다. 이러한 재심사에 의해 분리판정점 이하에서 승인대상(Low Side Override), 분리판정점 이상에서 거절대상이 발생(High Side Override)하게 된다. 재심사가 신용공여규모와 포트폴리오의 질에 미치는 영향을 평가함으로써 전략 유지 및 전략 변경에 대한 의사결정을 내릴 수 있으며, 재심사를 반영한 평점별 승인율, 불량률을 바탕으로 고객의 행태를 분석하여 이를 기반으로 최적 전략을 도출한다. 재심사 운용의 성과를 분석하기 위해서는 분리판정점 이하에서 승인하는 경우에는 승인 건의 우량·불량 여부를 확인할 수 있으므로 문제가 없으나, 분리판정점 이상에서 거절하는 경우에는 거절 건의 우량·불량 여부는 알 수가 없으므로 이 경우에는 거절 건에 대한 적절한 우량·불량 비율을 추정(Inference Factor를 적용)하여 성과를 분석하게 된다. 재심사를 운영할 경우 정책적 고려로 인해 분리판정점 이상에서 거절대상이 발생하는 경우에 대해서는 일정한 제약이 가해지는데, 이 부분을 너무 적게 운용하면 정책적 거절 승인을 야기하게 되므로 주의해야 한다.

3. 평점표의 관리

사전 단계 일단 최종 평점표가 선정되면, 다양한 관리보고서 작성을 통해서 평점표를 관리하는 단계로 접어든다.

이러한 보고서들은, 평점표에서의 우량/불량 분리판정점 결정, 계좌 획득과 관리전략 설계, 미래 평점표 실적 모니터링 등과 같은 영업실무에서 사용되는 관리도구이다. 신용공여기관들의 목표를 달성하기 위해 우량/불량 분리판정점을 설정하는 문제나 신용 포트폴리오의 구성 문제에 대한 답을 얻는 데도 이러한 보고서가 유용하다. 보고서에는 전형적으로 개발평점 및 평점표 특성변수 분포, 기대 불량/승인 비율 차트, 평점표의 주요 하위모집단들에 대한 효과 등이 포함된다. 이러한 평점표 관리보고서들은 평점표 개발 데이터 세트(필요하면 회색지대에 있는 중간계좌 및 추론되어 기각된 계좌를 포함)에 근거해서 작성된다.

이러한 관리보고서 외에도, 평점표 관련 자료는 프로젝트의 핵심단계에서 행해진 분석들(이를테면 영업사례개발, 우량/불량/중간 계좌에 대한 정의, 시장 세분화, 표본추출 및 자료수집, 초기 특성분석, 모형개발, 기각추론, 평점표 실적통계, 검증 등)과 산출된 결과를 구체화하면서 만들어진다. 이러한 자료들은 미래의 평점표 개발, 감사 및 시장변화 대응, 미래 직원채용, 문제가 발생할 경우의 해결방안에 대한 참고자료로서의 역할도 하게 된다.

부가표 부가표(Gains Table)는 개별 평점 혹은 평점범위 별 전체, 우량, 불량 사례에 대한 분포를 포함하고 있다. 개별 평점을 사용한 부가표의 예가 〈표 6-2〉에 나타나 있다.

부가표는 전체 표본에 대해서뿐만 아니라 선택된 하위 모집단에 대해서도 만들어진다. 이 표에 포함되는 주요 정보는 다음과 같다.

- 각 평점 혹은 평점범위 당 기대 불량률(즉, 등간 혹은 임계 불량률)
- 특정 평점 이상에서의 모든 신용사용 신청자들에 대한 기대 불량률(즉, 누적 불량률)
- 각 평점에서의 기대 승인율

〈표 6-2〉 부가표(예시)

평점	도수	누적 도수	우량	불량	누적 우량	누적 불량	등간 불량률	누적 불량률	승인율
210	345	6,965	311	34	6,538	427	9.86%	6.13%	69.50%
211	500	6,620	462	38	6,227	393	7.60%	5.94%	66.20%
212	450	6,120	418	32	5,765	355	7.11%	5.80%	61.20%
213	345	5,670	323	22	5,347	323	6.38%	5.70%	56.70%

이러한 정보는 우량 및 불량 여부를 판정하기 위해 금융 및 영업여건 등을 고려해서 사용된다. 그렇다면 기대 불량률 혹은 승인율에 기반을 두었을 때 새로운 신용신청자는 어떤 분리판정점(Cut-off)에서 승인될 수 있을까? 하위 모집단에 대한 부가표를 만드는 목적은 중요한 사업영역에 영향을 미치는 비정상적인 효과를 규명하기 위함이다. 예를 들어 전형적으로 성인 모집단을 기반으로 개발된 평점표는 청소년 고객들에게는 불리하게 작용한다. 일반적인 하위 모집단으로서는 지리적, 사업원천, 연령, 기존/신규 고객, 미래 영업캠페인에 표적이 된 세분시장 등을 생각해볼 수 있다. 평점별 표본 모집단 분포는 평점표 안정성 및 평점표 모니터링에 사용되는 최종 평점 보고서에 대한 기본자료로 사용되기도 한다.

특성변수 보고서 이 보고서는 평점별 각 속성에 대한 승인율 및 불량률 뿐만 아니라 평점표에 포함되어 있는 각 특성변수의 분포상황도 제공해주고 있다(〈표 6-3〉 참조).

이 보고서는 정규 평점표 모니터링의 일부로서 만들어지고 제안된 분리판정점이 모집단에 미치는 영향을 평점표 속성을 통해 분석하는 데 사용된다. 여기서 만약 우량과 불량의 판정점이 212에 고정되었다면, 92%의 승인율을 갖게 되는 44세 이상의 신청자들에 비해 18~22세 나이의 신용사용 신청자들

<표 6-3> 특성변수 보고서

나이	분포	점수	불량률	평점			
				210	211	212	213
Missing	8%	16	16%	74%	67%	61%	56%
18~22	9%	12	24%	70%	64%	58%	50%
23~26	15%	18	18%	78%	71%	66%	61%
27~29	26%	26	10%	80%	77%	70%	67%
30~35	10%	35	5%	83%	80%	76%	72%
36~44	20%	43	3%	91%	88%	84%	80%
44+	12%	51	2%	97%	95%	92%	87%

은 오직 58%만 승인을 받게 된다. 이와 같은 결과는 어떤 신용공여기관들에게는 받아들일 수 있는 수치이지만 젊은 층을 대상으로 영업을 하고자 하는 신용공여기관들에게는 받아들이기 쉽지 않을 것이다. 특성변수 보고서는 각 세분시장마다 분리판정점을 이용해서 기대 불량률을 보여주기 위해 만들어지는데 신용공여기관들에게 승인 중인 신용 리스크가 좀 높은 하위 모집단에 대한 경계를 강화시켜 준다. 이와 같은 상황에 대처하기 위한 옵션은 그 세분시장의 성과를 극대화시키기 위해 젊은 신청자를 위한 세분화된 평점표를 개발하든지, 혹은 동일한 평점표를 다른 분리판정점을 가지고 다른 세분시장에 사용하는 것이다.

특성변수 보고서의 변형(예를 들면, 평점표상에 포함되지 않은 특성변수에 대해서는 개발 시 분포 및 세분시장별 승인율을 미리 만드는 것)이 또한 강력하게 추천되고 있다. 이 경우 특정 세분시장에 미치는 분리판정점의 영향을 보다 구체적으로 측정하기 위해 특성변수들은 핵심 하위 모집단이나 표적시장을 나타낼 수 있도록 선정되어야 한다. 이와 같은 보고서는 각 세분시장마다 알맞은 전략을 상이한 분리판정점 적용을 통해서 구사하도록 만들어주고 있다.

4. 평점표의 이용전략

**리스크에 근거한
전략개발**
분리판정점을 설정하게 되면, 한계 신청고객의 리스크 수준 및 분리판정점을 상회하는 선택된 리스크 수준을 알게 된다. 금융기관에서는 이러한 정보를 사용하여 기업목적을 극대화할 수 있는 리스크에 근거한 전략이나 전술들을 개발하게 된다. 이러한 전술들은 제공되는 상품에 따라 달라진다. 전략은 신청고객이나 기존고객의 계좌에 대해서 개발될 수 있고 리스크에 근거한 의사결정의 목적은 동일하다. 예를 들어, 평점이나 다른 기준을 이용하여 다음과 같이 다양한 전략을 개발할 수 있다.

첫째, 대출이나 다른 신용상품의 리스크에 근거한 가격설정, 신규계좌에 대한 리스크 프리미엄 및 대출 갱신 시 가격 재설정이 이루어진다.

둘째, 우량고객에게 상품 업그레이드(골드카드, 프리미엄카드)를 해주거나 또는 리스크에 따라 보다 낮은 이자율을 적용한다.

셋째, 자동차 대출, 모기지와 같은 금융상품에 대해 낮은 초기 불입금수준을 설정하거나, 재약정 조건을 설정한다.

넷째, 우량고객에게 사전승인을 통해 다른 상품을 교차판매할 수 있다. 리스크 및 경향(Tendency) 평점은 교차판매 시에 항상 부채상환능력과 결합하여 사용된다. 교차판매는 그 제안을 받아들이고 부실 리스크가 낮을 뿐만 아니라 추가적인 신용을 잘 상환할 수 있는 고객을 대상으로 해야 한다.

다섯째, 신규고객이든 기존고객이든 간에 우량고객에게 한도를 제공하거나 한도를 증액할 수 있다(〈표 6-4 참조〉).

여섯째, 리스크 프로파일에 근거하여 집중 리스크를 줄이기 위해 전사차원의 고객당 익스포저를 설정할 수 있다.

<표 6-4> 신용한도 관리 전략

평점	부채상환부담(debt to service ratio)				
	0~10%	11~15%	16~24%	25~35%	36% 이상
230~234	$3,500	$3,500	$2,500	$2,500	$2,000
235~239	$4,000	$3,500	$3,000	$2,500	$2,000
240~244	$4,500	$4,000	$3,500	$3,000	$2,500
245~249	$5,000	$4,500	$4,000	$3,500	$3,000
250 이상	$7,000	$5,000	$4,500	$4,000	$3,500

일곱째, 리스크가 낮은 고객에게는 약한 추심전략(편지 발송, 자동 다이얼링 등), 리스크가 높은 고객에게는 보다 강도 높은 조치(추심기관을 보내는 것 등)를 실행할 수 있다.

여덟째, 고객에 대해 다양한 지불조건을 마련(우량고객에 대해서는 다소 관대한 조건을 제시, 리스크가 큰 고객에 대해서는 상품이 배달되기 전에 지불을 요청하는 등)할 수 있다.

아홉째, 리스크가 낮은 고객에 대해서는 한도를 초과하여 신용카드로 물품을 구매할 수 있도록 허용할 수 있다.

열 번째, 사기 신청 건을 조사하거나 (사기평점을 이용) 리스크가 큰 모기지에 대해서는 완전한 부동산감정을 요구할 수 있다.

여기서 반드시 알아두어야 할 것은 전략은 두 가지의 독립된, 적절한 측정치에 근거하여 수립되어야 한다는 것이다. 리스크 평점은 부채를 상환하지 않을 가능성을 측정하며 부채상환부담(Debt to Service Ratio)은 개인의 소득 중 얼마의 비율이 부채상환에 사용되는가를 측정하는 것이다. 부채상환부담이 낮을수록 우량한 고객이다. 신용평점이 높고 부채상환부담이 낮은 고객에게 가장 많은 신용한도를 부여하게 된다. 신용한도를 결정하는 데 사용할 측정치가 결정되고 나면 실제 한도를 부여하기 위해서는 다양한 선택방법이 있다. 일반적으로, 다음과 같은 세 가지 방법이 있다.

첫째, 두 가지 측정치에 근거해서 한도를 부여하기로 결정했다면 공론에 기초한 판단에 의거해서 우량고객에게는 더 많은 한도를 부여하고 리스크가 높은 고객에게는 낮은 한도를 부여한다. 예를 들어 상위 고객층에게는 한도를 30% 증액하고, 하위 고객층에는 30%를 감액한다. 최고와 최저수준이 채워지고 나면 나머지를 채우게 된다.

둘째, 금융회사가 제공할 수 있는 최고와 최저한도를 결정하여 최우량 고객층과 최불량 고객층에 할당한다. 나머지는 점진적으로 증가시키거나 감액시킨다.

셋째, 총 기대손실(Expected Loss = EAD×PD×LGD)에 기초하여 최대 익스포저를 할당한다. 각 셀의 기대손실 분포에 대해서는 몇 가지 가정이 필요하다. 어떤 셀의 계좌당 손실이 $600이라고 하자. PD(Probability of Default: 부도확률)가 6%이고 LGD(Loss Given Default: 부도 시 손실률)가 97%이라고 한다면 EAD(Exposure At Default: 부도 시 익스포저)는 $10,309가 된다.

이러한 세 가지 기준 중 어느 것도 명확한 방법은 아니다. 여기서 첫째로 중요한 것은 의사결정에 사용될 매트릭스의 선택이 핵심이라는 점이다. 많은 금융회사들은 신용한도나 대출금액을 할당하는 데 리스크 평점만을 고려한다. 그러나 이것은 일면만 고려하는 것이다. 〈표 6-4〉와 같이 상환 가능성과 상환능력을 동시에 고려하는 것이 적절하다. 둘째로 모든 의사결정에서는 가장 단순한 것에서부터 가장 복잡한 것에 이르기까지 옵션을 평가해야 한다. 때로는 가장 단순한 것이 가장 좋은 것이 된다.

정책기준은 의사결정 프로세스를 지원하기 위해 고안된
일련의 기업 가이드라인이다. 최소 요구조건, 리스크 정책
과 같은 법률적인 리스크 관련 기준들이 포함된다. 예를 들면, 법정 연령제한
(18세 미만 고객은 거절 등), 고용(무직, 반고용 또는 1년 미만 고용이면 거절 또는
심사), 파산(최근 파산 또는 파산한 지 2년 미만이면 거절 또는 심사), 연체 제한(크레
딧뷰로 데이터에서 3회 이상 연체경험자는 거절), 신청유형(VIP 또는 직원 신청은
거절), 과거 내부기록(과거 상각경험이 있으면 거절), 재심사를 위한 최소신용
라인 및 계좌 유형(학생 또는 이전 파산 등), 지난 6개월간 신용이 부여되었다면
신용라인의 증가가 없음 등이다.

정책기준은 리스크 관리의 필요하면서도 신중한 일부분이다. 중요한 사
실은 정책기준들은 독립적이면서도 유효성이 검증된 측정치에 근거해야 한다
는 것이다. 정책기준들은 평점 프로세스를 약화시키지 않도록 평점표의 특성
변수들에 기초해서는 안 된다. 이러한 기준을 사용하는 것이 결정적으로 중요
한 상황에서는 다른 기준을 사용하여 평점표를 만드는 것이 더 낫다.

정책기준은 보통 경험적 판단에 근거한 것이며, 거의 실증적으로 검정되
지는 않는다. 몇몇 정책기준들은 몇 년 전에 설정되었고, 그 이후 누구도
이 기준들을 다시 살펴보지 않았던 것들이 있다. 가능하면 때때로 이 기준들을
다시 살펴보고, 검정하고, 효과를 입증해야만 한다. 때때로 신용평점표 개발
프로젝트에서는 초기 특성변수 분석단계에서 이 기준들의 효과성을 입증하기
도 한다. 정책기준들은 재심사 프로세스(분리판정점으로 내린 의사결정을 번복하
는 것)에서 가장 자주 사용된다. 전략과 마찬가지로 정책기준도 모든 잠재적인
영향을 분석하기 위해서는 법무, 리스크 관리부서, 영업부서 등으로 부터의
투입요소들과 함께 개발되어야 한다.

신용정책 결정　　　　　　　위에서 분석한 신용평점의 적용사례들을 포괄하여 신용평점은 금융회사의 신용정책 전반에 걸친 의사결정에 활용된다. 신용평점이 활용되는 대표적 사례로는 리스크 관리 및 통제, 새로운 대출 프로그램의 평가, 대출 승인 소요시간의 단축, 기존 여신심사기준의 건전성과 일관성 입증 등 신규고객 유치 및 기존고객관리 단계에서뿐만 아니라 고객에 대한 사전 마케팅 단계(특히 미국)에 이르기까지 전체 신용 라이프사이클(Credit Life Cycle)상에서 다양하게 활용되고 있다.

신규고객의 식별 및 등급산정을 위해 신청평점모형이 개발되어 활용되고 있고, 기존고객에 대한 신용한도의 축소·확대 및 변경을 포함한 기존 고객관리를 위해 행동평점모형을 개발하여 활용하고 있다. 실행된 여신의 중도 회수 결정 시에는 추심평점모형 등이 활용되고 있다.

이러한 신용평점을 활용하여 금융회사들은 개인의 상환능력을 기반으로 신용한도를 부여하거나, 만기연장 및 채권 회수전략을 다양화하는 한편 고객의 상환능력 및 리스크 등을 평가하여 만기연장 여부 및 한도·이자율을 조정한다. 특히 만기 이전에라도 고객 신용에 문제가 발생하는 경우에는 고객이 상환의지가 있는 경우와 없는 경우로 구분하여, 상환의지가 있는 고객에 대해서는 예를 들어 지불관리 프로그램(Payment Management Program)을 활용하고 상환의지가 없는 고객에 대해서는 적극적인 회수(Recovery) 정책을 수행해나가는 등 적극 대응하게 된다. 또한 고객의 내부 신용등급을 매월 평가하여 자동대출 고객의 한도나 이자율을 자동으로 조정해나가고, 정확한 리스크 측정을 기반으로 사전승인과 교차판매(Cross-Selling) 등 마케팅 활동을 지원하게 된다. 리스크 관리를 위한 신용평점을 보완할 수 있는 다양한 형태의 평점모형, 예를 들어 수익성 극대화 목적의 시장세분화를 위해 수익성평점모형(Profitability Scoring Model), 사기에 이용될 가능성이 있는 여신식별을 위해

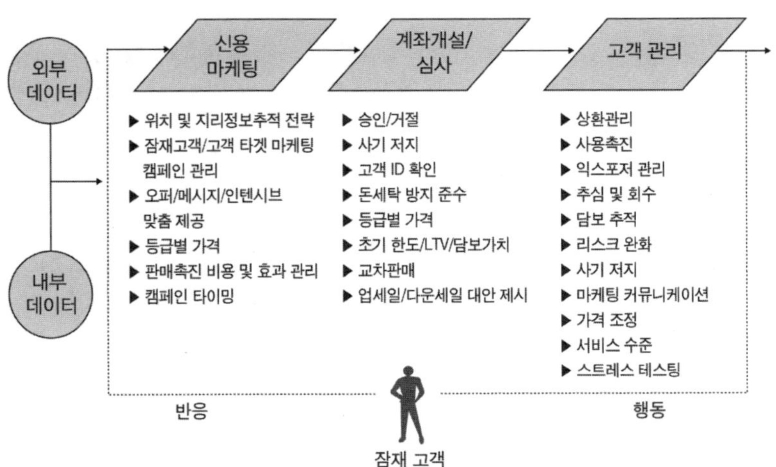

<그림 6-8> 신용 라이프사이클의 주요 의사결정

사기추적모형(Fraud Detection Model), 파산 가능성이 있는 여신식별에 파산평점모형(Bankruptcy Scoring Model) 등을 개발하여 신용평점과 함께 보완적으로 활용한다. 이와 같은 신용 라이프사이클 전반에 걸친 신용평점의 활용과정에서 금융회사는 리스크와 관련한 신용정책 및 마케팅 정책 전반에 걸친 내부 의사결정과정에서 신용평점이 일관성 있게, 효과적으로 적용되고 있는지를 지속적으로 점검하고, 여신전략 수립 → 시뮬레이션 및 테스트 → 모니터링 및 평가 → 여신전략 수정 등을 통한 여신전략시스템의 최적화를 도모해나간다.

신용평점모형의 재개발
: 업데이팅

1. 재개발의 필요성

신용평점모형이 본래 의도와는 다르게 효과적으로 작동하지 못하여 재개발해야 하는 이유로는 여러 가지를 상정할 수 있으나, 크게는 두 가지를 들 수 있다. 첫째로, 우량고객과 불량고객의 구분이 초기에 기대했던 만큼 명확하지 않은 경우가 생기기 때문이다. 둘째로는 신용카드 회사를 비롯한 신용공여 기관들의 목표와 영업정책이 시장이 변하면서 계속 변하고 있기 때문이다.

대체적으로 신용평점모형은 평균 18개월 된 계정들의 표본을 가지고 개발되고 개발 후 과정 및 장착 과정은 평균 9개월 정도 소요되는 것으로 나타나, 수행될 때까지 평균 2년 이상 걸리게 된다. 이는 수행 후 6개월이 지난 후에야 충분한 자체 정보가 발생되어 개발 전에 세워졌던 관계들을 임시적으로나마 검증할 수 있다는 점에서 보았을 때, 개발에 사용된 표본은 거의 3년 정도 된 것이라는 계산이 나올 수 있다. 신용평점모형의 사용은 미래가 과거와 유사한 패턴을 보일 것이라는 단순한 가정에 근거하고 있다. 그러나 오늘날 급변하는 경제환경에 있어서 이와 같은 가정은 완전할 수도 없을 뿐 아니라 3년 정도의 시간은 상당히 긴 시간이다. 신용평점모형의 예측력을 저하시키는 대표적인 요인은 다음과 같다.

- 경쟁회사들이 제공하는 신용사업 및 신용관련 상품 수의 증가
- 법제화와 신용통제, 혹은 신용통제의 결함
- 경제적 측면, 특히 실업률 및 고금리
- 신용사용에 대해 변화하는 소비자들의 인식
- 증가하는 이혼 비율 및 도덕 가치관의 변화

이러한 요인들이 신용평점모형에 영향을 줄 때 모니터링(Monitoring) 제도가 제대로 확립되어 있지 않은 경우에는 상당한 주의를 기울여야 한다. 일반적으로 주관적인 판단보다는 본래의 평점모형에 근거해서 재개발작업을 벌이는 것이 더 좋은 예측결과를 내고 있으며 업데이트를 할 필요가 있는 경우에도 최소한에 그치는 것이 바람직하다. 그 이유로는 주관적인 판단에 입각해서 만들어지는 원칙은 주로 부정적 측면과 관계된 경우가 많고 자료에 내재되어 있는 상관관계를 전혀 고려하지 않고 있어 이러한 원칙의 적용은 기각률을 증대시키는 경향이 있기 때문이다.

신용평점모형을 재개발할 때에 연체에 관한 정보를 이용할 수 있는 경우와 전혀 이용할 수 없는 경우를 생각해볼 수 있다. 기존 특성변수 값에 변화를 주는 것과 마찬가지로, 자료를 추가하는 경우나 중요한 자료를 더 이상 이용할 수 없는 경우에도 신용평점모형의 예측력을 제고시키는 것이 필요하다. 이러한 경우들은 보통 다음과 같은 상황에서 발생한다. 즉, 본래의 신용평점모형이 개발되었을 때에는 특정 자료를 이용할 수 없어서 모형구축에 사용할 수 없었으나 현재에는 그 특정 자료가 상당히 중요한 정보로 평가되고 있는 경우이다. 실제적으로, 연체관련 정보가 충분히 얻어지든 부분적으로 얻어지든 상관없

이 모니터링 기법과 업데이트를 하는 방법은 기존에 있던 특성변수나 새로운 특성변수들에 대해서 모두 비슷하게 적용된다. 만약 연체 관련 자료가 충분해서 평점모형의 업데이팅 작업을 수행할 수 있게 되더라도 부분적인 수정보다는 평점모형을 새롭게 재개발하는 것이 바람직하다.

2. 전통적인 신용평점모형의 특성

실제 적용에 들어가기에 앞서, 전통적인 신용평점모형을 구축할 때 직면하게 될 몇 가지 특성을 신용산업에서의 특성들과 관련시켜 살펴보기로 하자.

**우량고객 · 불량고객,
신청이 기각된 고객들**

신용위험을 측정하는 계정들은 보통 우량고객들(신용도가 높은 계정들), 불량고객들(신용도가 떨어지는 계정들), 그리고 어중간한 고객들(Indeterminates)로 나누어진다. 여기서 어중간한 고객들은 주로 ① 비활동적이거나(Inactive), ② 불량고객은 아니지만 우량고객으로 분류하기에는 충분한 시간이 경과하지 않았기 때문에 우량 및 불량 고객 어느 쪽으로도 분류할 수 없는 계정들을 지칭한다.

기각된 신용사용 신청자들도 어떤 역할을 담당하게 된다. 기각된 각 신청자는 부분적으로 우량고객 또는 불량고객으로 간주되는 것이다. 이렇게 두 부분으로 기각된 신청자들이 나뉘는 과정을 '기각추론(Reject Inference)'이라 부른다. 현실적으로 평점모형을 구축할 때 그 목적은 당연히 불량고객으로부터 우량고객을 확연하게 구분하는 것이다. 따라서 어중간한 고객들(Indeterminates)은 평점모형 구축과정에서 제외된다.

특성변수　　　　신용사용 신청자로부터 얻어지는 자료들은 일련의 특성변
　　　　　　　　수로 간주될 수 있다. 여기서 말하는 특성변수란, 신용사용
신청자의 종합적인 프로필을 기술하는 데 사용되는 구체적인 요소들이라 할
수 있다. 각 특성변수의 척도는 연속적일 수도 있고 비연속적 혹은 범주적
(Categorical)일 수도 있다. 신용평점모형을 구축하는 데 있어 특성변수들은
속성들(Attributes)이라 불리는 상호배타적인 부분집합으로 분할된다. 이러한
분할 과정은 범주적(비연속적)이거나 연속적인 특성변수 모두에 대해서 수행
될 수 있기 때문에, 집단화 과정을 통해 연속적인 특성변수를 효과적으로
범주적인 특성변수로 바꿀 수 있다. 따라서 변수들의 함수적 형태에 대한
별도의 가정을 하지 않아도 무방하다.

시간 차이　　　　자료가 수집되는 시기와 계정들에 대한 실적이 알려지는
　　　　　　　　시기와는 항상 시간 차이(Time Lag)가 있게 된다. 현실적으
로 실적에 대해 검증을 해서 기존의 신용평점모형을 수정하고 이를 이용하여
각 고객들의 계정실적에 대한 정보를 충분히 얻어내기 위해서는 최소한 6개월
정도의 시간이 소요된다.

모형개발을　　　　모형을 개발하기 위한 표본의 크기는 최종평점모형에 보통
위한 자료　　　　15~25개의 특성변수를 포함시켜 우량고객, 불량고객, 기각
　　　　　　　　된 고객 각각 1,500~10,000명 정도에서 결정된다.

개발단계　　　　실제로 신용평점모형은 보통 2~3단계를 통해서 구축되는
　　　　　　　　데 각 단계별로 배당된 점수들은 고정된다. 첫 번째 단계는
신용사용 신청서에 기술된 특성들을 이용해서 정보가 얻어지는 반면에 후속단

계까지 갈 경우에는 추가적으로 신용사용 신청자로부터 직접 얻어야 하는 정보가 필요하게 된다. 후속단계에서 추가적 정보를 이용하여 계산된 점수는, 첫 번째 단계에서 도출된 정보만으로는 신용사용에 대한 결정이 제대로 내려지기 어려울 경우에만 사용되게 된다.

3. 모니터링을 통한 모형 재개발

**계량적 기법
: 회귀분석**
여기서 회귀분석(Regression Analysis)을 언급하는 이유는 단지 이 방법이 평점모형을 구축하는 데 가장 널리 사용되고 있는 강력한 접근방법이라는 점뿐만 아니라 신용평점모형에서 발생 가능한 결함을 알아낼 수 있도록 모니터링을 할 수 있다는 점 때문이다.

예를 들어, 회귀분석을 이용한 신용평점의 결과가 〈표 7-1〉과 같이 나왔다고 가정해보자. 평점모형에서는 절편점수(Intercept Point) 혹은 상수(Constant)라고도 하는 고정값(이 경우에는 83.62)이 다른 특성변수들의 평점에 합산된다.

〈표 7-1〉 신용평점의 예

		변수	우량고객	불량고객	우량률(%)	점수
전체(상수)		0	5,448	453	92.32	83.62
주거 상황	자가	1	4,878	328	93.70	11.23
	전세		570	125	82.01	0.00
자 동 차	있다	2	5,220	422	92.52	3.22
	없다		228	31	88.03	0.00
연령	18~40	3	3,519	366	90.58	-5.91
	41~50		1,107	60	94.86	-1.98
	51 이상		822	27	96.82	0.00

또한 각 특성변수는 0(Zero Point) 값을 갖게 되는 속성이 반드시 하나 존재하게 된다. 이 경우에 전세에 살고 있으며 자동차를 소유하고 있는 28세의 나이가 든 신용사용 신청자는 83.62+0.00+3.22-5.91=80.93의 신용평점을 가질 수 있을 것이다. 여기서 신용평점은 추정된 우량률(Estimated Good Rate)과 연관된다. 즉 조건부확률(Conditional Probability) × 점수(Point) = 우량률(Good Rate) ……①이 된다.

모니터링의 일상적 방법 일단 신용평점모형이 적용될 경우에 특성변수/속성수준에서 고객계정들을 모니터링할 경우 일반적으로 다음과 같은 세 가지 방법들을 생각해볼 수 있다. 세 가지 방법은 모두 유용하게 쓰이지만 나름대로의 결점들도 지니고 있다.

- 특성분석 보고서(The Characteristic Analysis Report) : 평점모형에 포함된 특성변수들을 중심으로 해서 분석한 보고서이다. 따라서 이 보고서는 연체나 평점모형에 포함되지 않은 다른 특성변수에 대해서는 유용한 정보를 제공하지 못한다. 그러나 평점이 산출된 특성변수에 대한 모집단의 변화는 모니터링해주고 있다. 이 방법은 새로운 자료원을 조사하는 데에는 유용하지 않다.

- 모집단 안정성보고서(The Population Stability Report) : 이는 정보를 많이 제공해주는 보고서 형태이나 때로는 너무나 많은 정보를 포함하고 있어서 의사결정을 내리기가 쉽지 않다.

- 평점별 연체보고서(The Report of Delinquency by Score) : 이는 특성변수/속성 및 평점집단을 기준으로 해서 연체율을 배열한 표를 말한다. 이 보고서의 주 용도는 선형모형(Linear Model)의 적합성 여부를 판단하는 데 있다. 즉, 각 특성변수와 평점 간의 상호관련성을 찾고 있는 것이다.

이 보고서가 유용하게 사용되기 위해서는 불량계정이 상당수 존재해야
한다. 왜냐하면 평점이 너무 세분되어서 많은 집단으로 나누어지면 선형
모형의 적합성 여부를 판단하는 데 오류가 발생할 가능성이 커지기 때문
이다.

**연체율에 대한 정보가 있을
경우의 모니터링 및 재개발작업**

일반적으로 특성변수들은 신용평점모형을 개발하는 기간 중보다도 개발이후 참고특성변수로 활용이 될 때 더욱 강력한 예측력을 보이기 때문에, 초기에 발생한 연체결과를 알고 있을 때나 연체발생 원인을 규명했을 때 이를 근거로 해서 재개발작업을 벌이게 된다. 재개발작업을 벌일 경우 세 가지 방향을 생각해볼 수 있다. 첫째로, 의심스러운 특성변수 값을 제외하고 나머지 기존 평점모형의 점수들은 변화를 주지 않는다. 둘째로, 기존에 포함된 특성변수 값들을 변화시키는 것은 허용하되 새로이 다른 특성변수들을 추가하지는 않는다. 셋째로, 기존 특성변수 값은 물론 추가나 삭제되어야 할 특성변수에 대해서 변화를 주는 것도 허용한다.

초기 연체율은 평점모형이 바뀌어야 하는 이유를 나타내줄 수는 있으나 전적으로 이러한 비율에만 의존해서는 큰 오류를 범할 수 있다. 거의 모든 신용평점모형이 단계별로 구축되기 때문에 신용평점모형의 성격을 급격하게 변화시키지 않는 범위 내에서의 재개발작업이 바람직하다. 이러한 재개발작업에 주로 사용되는 수학적 공식은 점수(Point)=[조건부확률(Conditional Probability)]$^{-1}$×우량률(Good Rate)……②이다. 이는 앞에서 언급한 ①의 식을 변형한 것인데 여기에서 점수(Point)는 회귀분석을 통해서 얻게 된 각 특성변수의 점수를 의미하는 바, 해당 특성변수들이 없는 경우에는 기본적인 절편점수(Intercept Point)만을 갖게 된다(앞의 예에서 살펴보면, 절편점수는 83.62). 또한

우량률(Good Rate)이란 전체 신용사용 신청자 중에서 연체가 없는 우량고객의 비율을 나타내고 있고 조건부확률(Conditional Probability)은 한 가지 사상이 일어나는 것을 전제로 해서 얻게 될 특정사상의 발생확률을 말하고 있다.

의심스러운 특성변수들의 각 속성에 대한 우량률은 수작업으로 조정이 될 수 있는데, 이 경우에는 ② 식이 점수들을 재추정하는 데 사용되고 있다. 그러나 실제적으로는 ② 식은 평점커브에 의한 우량률이 선형(Linear)일 경우에만 적절한 것으로 나타났다. 선정된 특성변수들에 대해서 문제점이 없다고 판단되면 별도로 조정을 행하지 않게 된다. 또한 특성변수에 대한 우량률은 개발된 신용평점모형을 이용해서 구한 예측치와 실제치 사이에 위치하도록 조정되는 것이 바람직하다. 이 경우에 이러한 조정들을 행하는 데 전형적으로 구사되는 몇 가지 경험적 원칙이 있다.

첫째, 만약 예측치와 실제치 간 차이가 신뢰구간 접근방법(Confidence Interval Approach)을 이용해서 얻은 차이보다 크지 않은 경우에는 굳이 재개발 작업을 할 필요가 없다. 둘째, 논리적인 조정을 행해야 한다. 즉 특성변수 내에서 속성들의 상대적 중요성을 제대로 평가해야 한다는 것이다. 셋째, 신용사용 신청자들의 대표성을 확보할 수 있도록 신용사용이 기각된 사람들에 대해서도 조사가 이루어져야 한다. 넷째, 속성들 간 우량률의 최대분포 등을 살펴보면서 각 특성변수들을 상호 비교해보는 것이 필요하다.

실제로 이러한 절차는 생각보다는 어려운 작업이다. 왜냐하면 만약 조정된 내용들이 상대적으로 많을 경우 기각된 신용사용 신청자들에 대해서도 또 다른 고려가 있어야 하기 때문이다. 이러한 경우를 처리하는 방법으로서는 특성변수의 속성들에 대해서 우량률을 계산할 때에 무엇을 얼마만큼 조정해야 할 것이냐에 대한 결정을 내려야 한다. 그러나 이러한 직접적 방법은 실제적 측면에서 보았을 때 가능한 절차는 아니다. 기각된 신용사용 신청자들은 자신들과 관련된 우량률을 갖고 있지 못하고 있기 때문이다.

이러한 문제를 피하기 위해서는 세 가지 접근방법을 생각해볼 수 있다. 첫 번째로는 수정의 폭을 측정하기 위해서 우량률을 사용해왔기 때문에 평균평점(Average Score)에 대해서 수정을 하는 것이다. 둘째로는, 현재 사용 중인 신용평점모형에 근거해서 가상적인 우량률(Pseudo Good Rate)을 각각의 신용사용 신청이 기각된 계정에 배정하는 것이다. 이는 상대적으로 급격하지 않은 변화를 주면서 갱신작업을 행할 수 있는 보수적인 방법이다. 셋째로는, 신용사용 신청이 승인된 신청자들에 대한 신용평점모형을 수정하기 위해서 식 ②를 사용해서 신용사용 신청이 기각된 신청인들에 대한 가상적인 우량률을 얻어 공식적인 기각추론(Reject Inference)을 행하는 것이다. 이 방법에서는 마지막으로 신용사용이 승인된 신청자들과 기각된 신청자들을 모두 포함한 표본에 대해서 식 ②를 다시 적용하게 된다. 신용평점모형에 대해서 재개발작업의 폭이 크지 않고 기각된 신용사용 신청자들에 대한 고려가 이루어질 경우, 첫 번째 방법이 가장 효과적인 것으로 나타났다.

모집단의 동태성과 모니터링

신용평점모형에 대해서 일단 갱신작업을 벌인 후 신용카드 산업의 동향을 예의주시면서 정교하고 치밀한 모니터링을 행하는 것이 매우 중요하다. 따라서 특성변수별로 주 단위, 혹은 월 단위로 평균평점에 대한 경향을 살펴보는 것이 바람직하다. 이는 모집단 동태성을 파악하는 데 유용한 보고서가 될 수 있다. 특히 상품별 혹은 영업점별로 영업통제를 구사할 수 있는 특성변수에 적용되었을 경우에는 더욱 유용할 것이다. 예를 들어, '영업점별 연체율'은 영업점의 성과를 모니터링할 수 있는 아주 유용한 특성변수 이용이다. 그러나 일반적으로는 '평균평점'이 영업점별로 행해진 영업의 성과를 모니터링하고 통제할 수 있는 보다 효과적인 방법으로 평가되고 있다. 원론적으로 이야기한다면 평균평점은 연체계정뿐만 아니라 우량계정까지도 포함해서 계산되기 때문에 언제나 이용할 수 있고 통계적으로도 보다 안정되어 있다고 볼 수 있다.

4. 모형의 예측능력 제고

신용평점모형의 재개발작업을 수행해야 하는 이유는 크게 두 가지로 생각해볼 수 있다. 첫째로, 우량고객과 불량고객이 초기에 기대했던 만큼 구분할 수 없는 경우가 생기기 때문이다. 둘째로는 신용카드 회사를 비롯한 신용공여기관들의 목표와 영업정책이 계속 변하고 있기 때문이다.

신용평점모형은 어느 날 갑자기 예측능력이 변하지는 않는다. 따라서 지속적이고 효과적인 평점모형의 예측력은 평점대별 연체보고서 등에 의해서 측정될 수 있다. 또한 모집단 안정성 보고서 및 특성분석 보고서 등도 각각 모집단이 동태적으로 변할 때 실제 예측력이 기대수준보다 얼마만큼 차이를 보일 것인가에 대해서 미리 알려줄 수 있는 방법이다. 신용평점모형이 기대수준과 빈번하게 차이를 보이게 될 때 그 모형을 사용하는 사람은 언제 그 모형을 업데이트할 것인가에 대해서 결정해야 한다.

신용 리스크의 동태성은, 몇 가지 점을 제외하고는 대부분 모형관리자의 통제권 밖에 있는데, 이로 인해서 언제 신용평점모형을 바꾸어야 할 것인지 정확하게 예측하는 것이 어렵게 되기도 한다.

만약 근간을 이루는 모집단이 변하지 않고 일반적인 경제상황도 별다른 변동이 없다면 신용평점모형의 수명 또한 상당히 길어질 수 있다. 그러나 신용 리스크를 둘러싼 환경이 변화하면 신용평점모형의 예측력 저하는 언제든지 발생할 수 있으며 경영자들 또한 예기치 않았던 예측력의 저하가 왔을 경우 그 미치는 파급효과가 심각할 수 있기 때문에 신용평점모형의 예측력에 대한 보고서에는 항상 주목을 하고 있어야 한다. 실제로 미국 등 선진 신용카드업계에서는 여러 형태로 영업상의 변화를 주면서 정기적인 업데이트를 통해 신용평점모형의 재개발작업을 수행하고 있다.

신용평점모형을 업데이트하는 가장 대표적인 이유로는 시장 확장을 꼽을 수 있다. 시장을 확장하면서 신용공여기관은 과거에 제공권 밖에 있었던 모집단에 대해서도 신용상품을 제공하기로 결정한다. 이 경우 전혀 다른 시장에 대해서 제공할 수도 있고, 아니면 영업활동 구역 내에서 그동안 추구하지 않았던 부분 시장에 대해서 자사 상품을 제공할 수도 있다.

순수하게 새로운 모집단이 영업 활동권에 포함이 될 때 보통은 그 시장에 대해 신용평점모형의 재개발작업 여부를 결정해줄 수 있을 만큼의 충분한 정보가 존재하지 않는다. 여기서 필요한 정보를 개발하는 한 가지 방법은 어떤 제한을 가지고 기존의 신용평점모형을 사용하면서 새로운 모집단에 점차적으로 적용시켜 보는 것이다. 이를 통해서 모집단 안정성(Population Stability) 및 특성분석(Characteristic Analysis) 자료들이 만들어질 수 있으며 본래의 모집단에서 도출한 자료들과 비교할 수 있게 된다.

만약 모집단들이 상호 본질적으로는 동일하고 포함된 특성변수들의 세부적 사항들도 상당히 유사하다면, 신용평점모형의 관리자들은 원래의 신용평점모형이 좀 더 효과적으로 영업활동을 확산시켜 나갈 수 있음을 확신하게 된다. 그러나 만약 새로운 모집단이 본래의 모집단과 상당한 차이를 보이면 신용평점모형의 관리자 및 사용자는 전혀 다른 상황에 처하게 된다. 이 경우에 두 가지 측면을 상정해볼 수 있다. 첫째로, 만약 그 신용공여기관이 새로운 모집단에 대한 경험을 갖고는 있지만 적용할 신용평점모형을 갖고 있지 않을 경우에 이 새로운 시장에 대한 신용평점모형개발에 필요한 정보는 획득할 수 있다. 둘째로, 만약 그러한 경험이 없다면 그 경험은 어떠한 형태로든지 간에 획득되어야 한다. 이는 기존의 신용평점모형을 이용하든지 아니면 임시 적이지만 착수목적으로 고안된 모형(Start-Up Use)을 이용하여 유의해서 새로 운 모집단에 대한 영업활동을 전개해나가는 것이다. 대개의 경우, 그 시장에 적절한 평점모형을 위한 정보가 수집될 때까지는 심각한 손실을 최소화해가면 서 착수목적모형을 가지고 신용위험을 평가한다.

신용평점모형을 업데이트하는 또 다른 이유는 시장에 제공되고 있는 신용상품들의 변화에서 찾아볼 수 있을 것이다. 만약 기존에 신용카드만을 취급하던 신용공여기관이 자동차 할부금융까지 하게 될 경우에 새로운 상품을 구매하게 될 모집단은 새로운 신용평점모형을 적용해야 할 만큼 충분한 여러 가지 다른 특성변수를 갖게 될 것이다. 그러나 이는 새로운 상품을 추구하게 될 모집단에 대해서 적용될 새로운 평점모형을 개발하게 되는 이론적 근거는 될지 몰라도 본래의 신용평점모형이 지금까지 적용해온 모집단을 잘 평가하고 있다면 굳이 재개발작업을 벌여야 하는 이유는 없다. 여기에서 기존의 신용상 품 라인에 새로운 신용상품을 추가하게 될 때 밟게 될 단계는 앞에서 언급했던 시장 확장에서의 단계와 유사하다. 실제자료에 근거한 신용평점모형으로서 사용될 수 있도록 실제경우의 표본을 개발하는 동안 순수하게 가상적인 평점 모형의 손실을 최소화하기 위해서 사용될 수도 있다.

마지막으로 신용정책에 급격한 변화를 줄 경우, 신용공여기관은 신용평 점모형의 업데이트를 고려해볼 수도 있다. 예를 들어, 만약 신용카드 회사가 여러 가지 이유로 인해 신용한도(Credit Limit)를 대폭 늘릴 경우 새로운 신용정 책이 목표로 하고 있는 모집단은 본래의 모집단과 상당한 차이를 보이게 된다. 이러한 경우에 본래의 신용평점모형은 효과적인 예측을 하지 못하게 된다.

본래의 신용평점모형은 새로운 모집단에 대해서 적용될 수 있으나, 그럴 경우
어떤 점에서 차이가 나는지 조심스럽게 모니터링을 해야 한다. 만약 아무런
차이도 감지되지 않을 경우, 본래의 신용평점모형을 별 문제없이 적용할 수
있다. 그러나 변화가 감지될 경우에 업데이트는 신용평점모형의 재개발작업
에 필요한 자료를 수집하면서 이루어져야 한다.

신용평점모형의 종류

1960년대 초 신용평점모형이 미국 금융산업에 도입되었을 때는 소비자신용은 대부분 상대적으로 단기대출을 허용하는 문제거나 혹은 신용기간을 연장하는 데 관련된 것이었다. 자동차를 구입한다거나 세탁기와 냉장고 같은 내구성소비재를 할부로 들여놓을 때, 혹은 6개월에서 3년 정도의 대출 등에 따른 것이 대부분이었다. 그러나 얼마 지나지 않아 회전신용(Revolving Credit)이라는 아이디어가 생겨나면서 소비자는 자신에게 가능한 신용을 무한정 확장하게 되었으며, 이러한 신용은 거의 대부분 신용카드를 통해 이루어지게 되었다.

초기에 미국에서 회전신용은 주로 정유회사들이 자사 주유소에서만 사용할 수 있는 신용을 제공하는 형태였다. 곧바로 시어즈, 몽고메리워드, J. C. 페니즈와 같은 전국규모의 소매 체인점이, 또한 뒤이어 주요백화점 체인이 회전신용을 취급하게 되었으며 이후 아메리칸 익스프레스 및 뱅크아메리카드(Visa의 전신)가 특정신용공여기관에만 국한되지 않는 일반적 회전신용을 처음으로 금융시장에 소개하자, 마스터차지(Master Card의 전신)는 물론이거니와 대부분의 은행 사이로 확산되었다.

초기단계에 모든 은행은 고객확보에 주안점을 두었고 따라서 연회비

없이 신용카드를 발급했으며 소비자들이 10개에서 20개 정도의 카드를 지니는 것 또한 별로 이상스러운 일이 아니었다. 우스꽝스러운 일이지만 그 당시 신문들은 수백 장 내지 수천 장의 카드를 가진 개인의 지갑을 사진 찍어 기사로 내보내기도 했다. 그러나 이러한 비정상적인 카드 확산은 오래가지 못했다. 은행들이 카드소지에 따른 연회비 및 수수료를 받기 시작함에 따라 소비자들이 불요불급한 카드들을 지갑에서 빼버리기 시작했기 때문이다. 이즈음에 신용공여기관들은 신용평점제를 사용하기 시작했으며 신용 리스크를 예측할 때 동일한 신용평점모형을 얼마 동안 사용해야 하는지에 대한 통일된 견해는 없었다. 개별 차입자들이 보여주는 신용 리스크는 동일한 패턴을 가지고 지속되지 않기 때문에 평점사용기간이 신용공여기관들의 주 관심사로 대두되기 시작하였다.

모든 신용공여기관은 신용사용 후 제때 잘 상환하다가 갑자기 연체를 하는 개인들에 대한 나름대로의 정보를 갖고 있다. 그러면 이와 같은 문제를 어떻게 해결할 것인가? 일단 문제만 제대로 인식된다면 해답은 확실하게 나올 수 있다. 즉, 먼저 신용사용 및 지불행태에 근거한 평점제를 구축하고 계속적으로 사용해본 후에 정기적으로 각 계좌에 대한 신용 리스크 예측을 업데이트 해준다. 왜냐하면 미래의 신용사용자의 행태를 예측하는 데 있어서 과거 신용사용을 신청할 때에 수집된 정보보다는 현재의 정보가 더 의미가 있기 때문이다. 또한 다음 달의 지불행태를 예측하기 위해서는 차입자가 과거 어느 시점에서 당좌계좌를 갖고 있었다는 사실보다는 과거의 구입 및 지불행태를 알아보는 것이 훨씬 더 효과적일 것이다. 이러한 가설들은 그 후 실증분석을 통해서 검증되었다.

1. 신청평점(Application Scoring)

신청평점의 의의   신청평점 시스템(Application Scoring System)이란 금융회사가 고객의 신용신청을 심사할 때 고객이 신용신청 시 제출한 고객정보와 내/외부 정보를 바탕으로 고객이 우량집단 또는 불량집단으로 분류될 확률을 평점화하여 활용하는 시스템이다. 모든 신규고객이 신용거래를 신청한다고 해서 승인되는 것은 아니다. 금융회사는 신규고객에 대한 개인신상정보, 금융거래정보, 크레딧뷰로(CB: Credit Bureau)에서 제공하는 외부정보 등을 조합하여 고객의 신용 리스크를 파악하게 된다. 즉 신규 신용신청자의 신용 리스크를 추정하여 신청평점을 부여하고 이를 통해 고객을 받아들이고 싶은 '우량'과 받아들이고 싶지 않은 '불량'으로 구별하여 신용거래의 승인 여부를 결정하게 된다.

신청평점 시스템은 신규 신용신청 고객을 대상으로 하는 만큼 고객의 신청서 정보가 중요성이 높다는 점에서 기존 거래고객을 대상으로 하고 거래정보의 중요성이 높은 행동평점제와는 차이가 있지만 평점의 개발구조는 유사하다. 신청평점표의 개발을 위해서는 먼저 예측하고자 하는 대상인 우량 및 불량 계좌에 대한 정의를 내리게 되는데, 우량·불량 계좌에 대한 정의는 객관적으로 타당해야 하며 컴퓨터 프로그램 또한 우량 및 불량 계좌들을 최대한 구분할 수 있도록 구성되어야 한다. 우량·불량 계좌에 대한 정의가 분명하게 내려지게 되면 이러한 계좌에 알맞은 정보, 즉 성별·연령·직업·직위·거주지·주거형태 등의 신청정보와 은행거래기간·은행여수신 잔액 등 은행정보, 그리고 외부정보인 크레딧뷰로 정보, 은행연합회 불량정보 등을 마스터파일에서 추출하게 된다. 특히 신청평점표 개발에서는 고객이 신청 당시에 작성하는 신청서 정보가 중요하다. 그러나 미국에서는 「동등신용기회법(ECOA)」

에 근거하여 인종, 피부색, 종교, 성별, 혼인 여부, 연령에 의한 차별을 금지하고 있으므로 신청서에서 이런 정보를 수집할 수 없으며 신청평점개발에도 사용되지 못한다.

추출된 변수를 이용하여 다양한 파생/복합변수를 생성하고 각 항목이 목표변수에 미치는 영향을 분석하여 유의한 특성변수를 선정한다. 상이한 특성을 보이는 고객을 하나의 평점표로 평가하는 경우 예측력이 떨어질 수 있으므로 모집단을 동일한 특성을 보이는 고객군으로 나누거나 상품별로 평점모형을 따로 개발하는 경우도 있다.

신청평점모형은 신용신청이 승인된 사람들만이 아니라 신용을 신청하는 모든 모집단에 적용되도록 개발되어야 한다. 그러므로 기존의 심사 시스템에 의해 승인된 신청서만을 사용하여 모형을 만들면 모형이 편향되게 된다. 이런 함정을 피하기 위해 승인이 기각된 신청서를 접수하여 이 계좌가 우량계좌가 될지 불량계좌가 될지를 추론(Reject Inference)하여 기존에 승인된 고객을 대상으로 한 우량계좌와 불량계좌에 각각 추가한다. 이 전체 모집단을 기초로 하여 만든 신청평점모형이 과거에 승인된 모집단만을 기초로 하는 시스템보다 미래의 신용신청 모집단에 더 좋은 성능을 보일 것이다. 즉 신청평점모형은 1차 모형생성(승인된 고객 데이터만 이용) → 우량·불량 추정 → 2차 모형 생성(승인된 고객 +거절된 고객의 우량·불량 추정 데이터 사용)의 과정을 거쳐 개발된다.

신청평점 적용

① 신용신청 승인

신청평점은 고객의 신용신청을 승인할 것인가의 여부를 결정하는 분리판정점(Cut-Off)으로 활용된다. 일반적으로 〈표 8-1〉과 같이 일정 신용평점 미만의 신청인은 승인되지 않고, 중간단계의 등급은 회색지대(Gray-Zone)라 하여 재심사를 하고, 일정 점수 이상의 고객은 승인되도록

<표 8-1> 분리판정점의 활용사례

신용등급	기준 (신청평점)	등급별 불량률	승인판정
1등급	900점 이상	5%	자동승인
2등급	800점 이상 900점 미만	14%	자동승인
3등급	700점 이상 800점 미만	25%	재 심 사
4등급	600점 이상 700점 미만	30%	재 심 사
5등급	600점 미만	35%	자동거절

하는 방안이 활용된다. 즉 금융회사는 고객의 불량율과 구성비를 전략적으로 판단하여 적정 수익을 유지하면서 고객을 최대로 하는 평점 기준을 어디로 할 것인가를 결정하는 전략적 판단에 있어 신청평점을 활용하게 된다.

② 신용한도 및 금리 결정

또한 금융회사는 신용신청고객에 대한 신용한도를 결정함에 있어 고객의 신청평점과 소득수준, 직업구분, 수신실적 등을 함께 고려하여 설정하게 된다. 일반적으로 1차적으로 신청평점과 현재 소득을 고려하여 한도를 설정한 후, 2차적으로 고객의 상세한 특성을 고려하여 대출한도를 조정하는 데 활용할 수도 있다(<표 8-2> 참조).

<표 8-2> 대출한도 결정 사례

신청평점	소득금액			
	5,000만 원 이상	3,000~5,000만 원	2,000~3,000만 원	2,000만 원 미만
800점 이상	3,000만 원	2,000만 원	1,500만 원	1,000만 원
700점 이상 800점 미만	2,000만 원	1,500만 원	1,000만 원	700만 원
600점 이상 700점 미만	1,500만 원	1,000만 원	700만 원	500만 원
600점 미만	1,000만 원	700만 원	500만 원	300만 원

〈표 8-3〉 이자율 결정 사례

등 급	기준(신청평점)	금 리
1등급	900점 이상	Prime
2등급	800점 이상 900점 미만	P+0.5%
3등급	700점 이상 800점 미만	P+1.0%
4등급	600점 이상 700점 미만	P+1.5%
5등급	600점 미만	P+2.0%

신청평점을 이자율 결정에도 활용할 수 있다. 즉, 〈표 8-3〉에서와 같이 신청평점에 의해 설정된 등급, 기여도 등에 따라 이자율을 설정할 수 있을 것이다. 등급에 의해 설정된 이자율의 경우 신용평점이 가장 높은 그룹을 1등급으로 고려했을 때, 1등급인 경우 최저금리로 설정하고 한 등급씩 올라갈 때마다 일정한 비율로 금리를 가산하여 우량고객과 불량고객을 금리로써 차등화하는 전략으로 활용하는 것이다.

③ 신용 승인율과 불량률의 전략적 활용

금융회사 경영진은 신청평점을 이용하여 자사 신용신청고객의 신용 포트폴리오 현황을 파악할 수 있다. 예를 들어 신용신청자의 60%를 승인하고 그중 6%가 불량계좌가 된다는 것을 알고 있다고 하자. 이때 신청평점표를 이용하여 분리판정점을 200점으로 설정하면 1만 명의 신청 모집단 중 5,997명이 승인을 받게 되고, 승인된 신청자 중 287명이 불량계좌가 된다고 하자. 그러면 이 경우 승인율은 60%이고 불량률은 4.8%가 되어, 승인율은 현재와 동일한 수준이나 불량률은 현재의 6%보다 낮아진다. 즉 승인율을 변화시키지 않으면서 불량률은 20% 낮출 수 있게 되는 것이다. 이와 반대로 불량률은 현재와 동일하게 유지하면서 승인율의 변화를 분석할 수도 있다. 분리판정점

<표 8-4> 승인율과 불량률의 전략적 선택 사례

사례 1 (승인율 60% 유지)		사례 2 (불량률 6% 유지)	
분리판정점 200점		분리판정점 200점	
승인된 우량계좌 수	-5,710	승인된 우량계좌 수	-6,252
승인된 불량계좌 수	-287	승인된 불량계좌 수	-362
총 수인자 수	-5,997	총 수인자 수	-6,614
현재 불량계좌 수	-360	신용평점표의 승인자 수	-6,614
신청평점표의 불량계좌 승인 수	-287	현 승인자 수	-6,000
감소한 불량계좌 수	-73	증가한 승인자 수	-614
불량계좌 수 감소율	-20.2%	승인자 증가율	-10.2%

을 195점으로 정하는 경우 불량계좌는 362계좌가 되어 1만 명의 신청자 중 360계좌가 불량계좌인 현재의 불량률 수준과 비슷한 반면 6,614명이 신청이 승인되어 승인율이 10% 증가함을 알 수 있다. 따라서 경영진은 신청평점표를 이용하여 승인율과 불량률을 분석하여 전략적 의사결정을 내리게 된다.

2. 행동평점(Behavior Scoring)

행동평점의 의의 행동평점 시스템(Behavior Scoring System)의 개발구조는 신청평점 시스템(Application Scoring System)의 개발구조와 거의 동일하지만 데이터가 준비되는 과정은 판이하다고 볼 수 있다. 신청평점표 작성 시와 마찬가지로 여기에서 요구되는 것도 우량 및 불량 계좌를 기본으로 하고 있다. 물론 이 경우에 사용되는 데이터는 이미 신용사용이 허용되어 관리되고 있는 계좌 중에서 나온 것이다. 신청평점모형을 구축할 때와 마찬가지로 우량 및 불량 계좌에 대한 정의는 객관적으로 타당해야 하며, 컴퓨터 프로그램 또한 우량 및 불량 계좌들을 최대한 구분시킬 수 있도록 구성되어야 한다.

일단 사용될 우량 및 불량 계좌들에 대한 정의가 분명하게 내려지면 그 다음으로는 이러한 계좌들과 관련된 항목에 대한 수개월 전의 과거 데이터를 마스터파일에서 찾게 된다. 관련 항목에 대한 수개월 전의 과거 정보는 모두 다 행동평점모형을 만들 때 특성변수로서의 사용을 고려해볼 수 있다. 또한 이러한 항목들의 다양한 결합을 통해서 새로운 특성변수를 만들어낼 수 있는 바, 역시 평점모형구축에 포함시킬 수 있다. 행동평점의 목적은 주어진 시점에서 알려진 데이터로부터 특정 개인이 일정기간이 지난 후 불량계좌가 될 확률을 계산하여 신용 리스크의 정도를 결정하는 데 있다고 하겠다. 신청평점 시스템과는 달리 행동평점 시스템은 각 계좌들이 검증되는 정상적인 대금청구서 작성기간 동안에도 그 부분적인 작업으로서 매달 각 계좌에 적용될 수 있다. 왜냐하면 주어진 계좌를 이용해서 어떠한 신용 리스크의 변화도 감지할 수 있기 때문이다.

지금까지 기술한 행동평점 시스템의 구축절차는 잘 되어 있는 것처럼 보이나, 초기에는 대금청구시스템의 마스터파일에 충분한 정보를 보유할 수 없었기 때문에 신용공여기관 입장에서 이론처럼 평점모형을 구축하기가 쉽지 않았다. 이러한 어려움을 극복하기 위해서 실제 평점모형을 구축할 때 필요한 정보가 포함될 수 있도록 미리 마스터파일을 고안해서 작업을 시작하는 신용공여기관들이 생겨나게 되었다. 최근에는 많은 신용공여기관이 행동평점모형을 만들 때 미리 적절한 마스터파일을 구축하고 있다. 이렇게 되면 표본이 만들어지는 것을 기다리지 않아도 되기 때문에 시간적으로 훨씬 더 빨리 실제 이용할 수 있는 평점표를 만듦으로써 고객신용관리가 효과적으로 이루어지게 된다. 일단 마스터파일이 고안되어 구축되면 데이터는 축적되기 시작한다. 충분한 데이터가 축적되면(보통 신용이 사용되기 시작하여 6개월에서 18개월 사이), 이 기간 중에 관찰 월(Observation Month)이 설정된다. 그리고 관찰 월 이후 6개월 혹은 그 이상의 기간을 이용해서 각 계좌가 우량 혹은 불량이 될 수 있는 가능성을 타진한다(Outcome Period). 만약 우량 및 불량 계좌에 대한 데이터가 충분히 있으면, 이미 데이터베이스화되어 있는 마스터파일상의 데이터에 근거해서 평점 시스템이 구축될 수 있다. 행동평점 시스템 구축에 이용될 표본을 만드는 경우 여러 가지 접근방법이 사용된다. 그 한 가지 방법으로서 전체의 계좌들에 대한 포트폴리오를 사용하여 관측 월(Observation Month)에 우량 계좌였으나 결과기간(Outcome Period) 동안에 우량 및 불량 계좌로 나누어지는 계좌들을 이용해서 평점 시스템을 구축하는 것을 생각해볼 수 있다. 또 다른 방법으로는 관측 월에 신용공여기관에 의해 인지된 첫 번째 단계의 연체에 도달한 계좌 중에서 추출된 표본을 이용하는 것도 생각해볼 수 있다. 그러나 행동평점 시스템이 구축되었다 하더라도 최종결과는 평점표로 나타난다. 이 평점표는 신용사용자의 대금청구시스템에 연계되어져서 행동평점 시스템의 개발에 사용된 계좌들이 검증될 때마다 미래에 불량계좌가 될 수 있는 가능성을 타진할 수 있도록 신용 리스크를 계산하게 된다.

행동평점의 사용은 재미있는 패러독스를 만들어내고 있다. 즉, 행동평점은 그 정책이 어떠했든 간에 현재가 아닌, 과거 시스템이 구축되었을 당시의 신용정책하의 계좌들이 보여주는 신용 리스크를 측정하는 것이다. 그러나 행동평점 시스템 구축의 목적은 현재 각 계좌들을 이용해서 계산된 행동평점에 따라 향후 기존신용정책을 고수할 것인지 아니면 바꿀 것인지를 결정하기 위함이다. 다시 말해서, 행동평점 시스템은 과거의 신용정책 및 데이터를 기반으로 구축되지만 현재의 영업목적 및 신용정책 평가에 따라 미래에 그 적용이 달라질 수 있다. 일단 행동평점이 구축이 되고 그 평점에 근거하여 신용전략이 마련되면 영업의 주목적은 보통 연체를 감소시키는 쪽으로 설정된다. 이는 어떤 특정계좌에서 연체가 발생할 확률을 감소시킬 목적으로, 그리고 평점이 예측하는 바대로 이 계좌들에 대해 구체적인 관리가 이루어짐을 의미한다. 만약 새로운 신용전략이 성공적이라면, 어떤 특정계좌에서 행동평점이 보여주는 연체확률(예를 들면 1/13)보다 실제의 연체비율(예를 들면 1/18)은 더욱 낮아지게 된다. 실제의 신용 리스크 행태가 평점 시스템에 의해서 예측되었던 것보다 양호해지는 것이다. 그러나 행동평점 시스템에 의해 예측된 신용 리스크와 실제 드러난 연체율을 단순히 비교하는 것만으로 행동평점 시스템의 유효성을 제대로 측정할 수는 없을 것이다. 왜냐하면 원래의 신용 리스크 예측치를 보다 더 양호한 것으로 바꾸는 것이 행동평점 시스템의 기본적인 아이디어기 때문이다. 따라서 이 패러독스의 결과로 행동평점 시스템의 성공 여부는 신용 리스크를 정확하게 측정하는 것보다는 기존 신용정책의 결과와 비교한 새로운 신용정책의 상대적 유효성에 달려 있다고 보는 것이 타당할 것이다.

행동평점 적용

① **재발급**(Reissue)

신용카드는 보통 어떤 일정기간, 예를 들면 1년이나 2년 정도 유효하게 발급된다. 재발급 여부를 결정할 때 고려하는 요인 중 대표적인 것으로는 카드의 사용빈도, 발급년도, 발급해서 현재까지의 사용기간, 사용금액, 연체 여부 등이 있다. 행동평점은 재발급 결정에 있어서 거쳐야 할 핵심적 요인으로 등장하고 있다. 〈표 8-5〉는 행동평점 시스템을 이용해서 구사할 수 있는 재발급 전략의 예를 간략하게나마 보여주고 있다.

이 표에 나타난 전략은 휴면 개월 수, 최대누적 연체 횟수, 행동평점 및 이러한 요인들과 연계된 최근의 연체 횟수만을 적용시키고 있다. 심지어 이렇게 단순하게 분류했어도 12가지 대안이 나오는 실정이다. 따라서 만약 현재의 지불잔액 및 최초 카드 발급일로부터 현재까지의 사용기간 등의 요인

〈표 8-5〉 재발급 전략의 단순한 예

최근 연체 횟수	휴면 개월 수	최대누적 연체 횟수	행동평점	재발급 카드 수
0	0~12	0~1	320 이하	18
〃	〃	〃	321~399	24
〃	〃	〃	400 이상	36
〃	〃	2 이상	320 이하	12
〃	〃	〃	321 이상	18
〃	13 이상	N/A	N/A	0
1		0~1	320 이하	12
〃	〃	〃	321 이상	18
〃	〃	2 이상	320 이하	0
〃	〃	〃	321 이상	12
〃	13 이상	N/A	N/A	0
2	N/A	N/A	N/A	0

* N/A : 적용불가.

들이 추가되면 재발급 전략은 더욱 복잡해진다.

② 신용한도 조정(Credit Limit Modification)

신용한도 조정은 신용카드 영업 전반에 걸쳐서 커다란 파급효과를 가져올 수 있다. 신용공여기관들의 입장에서 보면 신용 리스크가 증가하지 않을 경우에는 신용한도를 높게 책정하면 할수록, 그 영업활동은 더욱더 많은 수익을 올릴 수 있을 것이다. 왜냐하면 신용카드 회사의 합리적인 목표는 회원 각자에게 우량상태를 지속시키면서 신용카드를 더욱 많이 사용하도록 만들 수 있는 신용한도를 부여하는 것이라 할 수 있기 때문이다.

신용신청이 허용되면서 동시에 신용한도 또한 정해지게 된다. 초기의 신용한도는, 신용카드 신청자 모두에게 동일한 신용사용금액이 부과되는 영업전략하에서는 일반적인 한도가 될 수 있으며 서로 다른 사용금액이 부과되

〈표 8-6〉 신용한도 전략의 단순한 예

최근 연체 횟수	최대누적 연체횟수	최종 사용 후 경과기간	신용사용 신청 후 경과기간	행동평점	행동코드
0	0	0~5개월	1~12개월	<128	0
〃	〃	〃	〃	128~200	1
〃	〃	〃	〃	201+	2
〃	〃	〃	13개월 이상	<128	0
〃	〃	〃	〃	128+	2
〃	〃	6개월 이상	N/A	N/A	0
〃	1~2회	0~5개월	N/A	<200	0
〃	〃	〃	〃	200+	1
〃	〃		〃	N/A	0
〃	3회 이상	N/A	〃	〃	0
1	0	0-5개월	1~12개월	<128	0
〃	〃	〃	〃	128+	1
〃	〃	〃	13개월 이상	<128	0
〃	〃	〃	〃	128+	1

* N/A : 적용불가.

면 차별화된 한도가 될 수 있다. 신용한도 정책은 신용사용 신청자의 자산, 부채, 직장, 그 외에 중요하다고 생각되는 요인 등이 고려될 수 있다.

신용사용이 허용되고 5개월 정도 지나면서 부분적으로 계좌들에 대해서 신용한도가 조정된다. 신용공여기관에서는 〈표 8-6〉에서 보이는 것같이 신용한도 전략표를 만들어볼 수 있다. 여기서 편의상 최근의 연체횟수는 1회 이하로 국한시켰다.

물론 완전하게 신용한도에 관한 전략표를 만들려면 전체의 경우를 상정해야 할 것이다. 따라서 설정된 목표여하에 따라 전략표는 단순해질 수도 있고 복잡해질 수도 있다. 그러므로 신용한도 전략에 관한 간단한 표를 만들어 이용하고 그 안에서의 조정이 전체의 실적을 개선시키는지 여부를 판단해보는 것이 현명할 것이다.

현재의 지불잔액, 지금까지 설정되어왔던 신용한도 내에서의 소진금액, 신용한도 내에서 사용되었던 가장 높은 사용금액, 그리고 최종 변화 이후의 경과시간 등에 따라서 신용한도 조정은 다르게 이루어져야 한다. 재발급 전략의 경우에서처럼, 이 전략 또한 상당히 복잡해질 수 있다. 따라서 재발급 전략과 마찬가지로 신용한도 전략을 잘 구사하는 법이 제대로 이해될 때까지는 아주 단순한 전략을 이용하는 것이 바람직할 것이다.

일정한 계좌들에 대해서는 3개월당 혹은 6개월당 1회 꼴로 주기적인 신용한도의 증가를 고려해야 한다. 아울러 고객이 자기의 신용한도 증가를 요청할 수 있는 기회도 주어야 한다.

〈표 8-6〉에 나와 있는 모든 경우에서처럼, 신용공여기관입장에서는 나름대로의 목표가 세워져야 되고 그 목표가 효과적으로 달성될 수 있도록 전략 선정에 심사숙고해야 할 것이다. 〈표 8-6〉의 마지막 란에는 대응행동보다는 대응행동코드가 주어져 있는데 이는 각 경우의 조합들을 몇 가지 범주로 나누어서 공통적으로 행동에 옮길 수 있도록 하기 위함이다.

③ 채권추심(Collections)

연체에 대한 채권추심은 행동평점의 사용을 고려하고 있는 모든 신용공여기관의 관심사 중 첫 번째 분야일 것이다. 이 부분에서는 여러 수준의 신용리스크, 즉 연체금액의 단계별로 행해져야 될 채권추심에 대한 사후관리행동이 기술되어야 한다. 〈표 8-7〉에서는 만기일이 1개월 지난 계좌들에 대해서 행해질 수 있는 채권추심 전략에 관한 예를 보여주고 있다.

모든 종류의 대안이 가능하며 그 안에서 각각의 신용사업은 나름대로의 특수한 조건들을 가지고 있다. 연체의 각 수준에 대해서 유사한 전략표가

<표 8-7> 만기 후 1개월 지난 계좌들에 대한 채권추심 정책

평 점	연 체 금 액			
	<10만 원	10만 원~20만 원	20만 원~30만 원	30만 원 이상
200 이하	독촉장#1 송부	전화독촉	전화독촉	외부전문기관의뢰
201~210	독촉장#2 송부	독촉장#2 송부	전화독촉	전화독촉
211~240	익일이월	독촉장#2 송부	독촉장#3 송부	전화독촉
240 이상	익일이월	익일이월	독촉장#3 송부	독촉장#3 송부

작성되어야 하고, 모든 표는 신용공여기관의 경영자들이 중요하다고 판단하는 요인들을 포함시켜야 한다.

모든 채권추심 전략에 대해서 취할 수 있는 행동을 기록할 수 있는 공간을 마스터파일에 만들어놓는 것이 바람직하다. 그렇게 함으로써 각 전략의 유효성을 측정할 수 있는 분석이 사후적으로 이루어질 수 있기 때문이다. 각 전략이 수행되었을 때, 어떤 부분에서 연체되었던 금액이 상환되게 되었을까? 여러 종류의 서신들이 과연 효과적이었는가? 전화를 통한 사후관리는 생산적이었는가? 이러한 질문에 대한 해답은, 현재 행해지고 있는 신용정책의 조정에 대한 필요성을 제기해줄 수도 있고, 아울러 현행 신용관련정책이 여타 다른 부문에 대해서는 만족스럽게 이루어지고 있다는 확신도 줄 수 있다.

④ 승인(Authorization)

승인에 대한 정보기술은 하루가 다르게 진보를 거듭하고 있다. 과거 승인에 대한 관리는 아주 어려웠었고, 특히 시간대가 틀린 원거리 지역에서의 승인관리는 더욱 어려운 일이었다. 예를 들어 10시간 넘게 차이가 나는 해외지역을 여행하게 될 때, 어떤 구매행동에 대한 신속한 승인을 얻는 것은 아주 어려운 일이었다. 그러나 현재에는 빠르게 그리고 보다 더 편리하게 발전되고 있는 정보기술 덕분에 승인작업은 아주 쉬워지고 있다.

한편, 비록 커뮤니케이션이 빠르고 저렴하게 이루어지고 있다 해도 승인을 요구하는 수요는 엄청나게 많아지고 신속성의 비중은 더욱 커지고 있다. 이제 편의성과 신속성은 고객가치를 이루는 핵심적인 요소가 되고 있다.

행동평점은 신용공여기관들에게 승인전략을 구축할 수 있는 유용한 도구를 제공해주는 셈이다. 이와 같은 전략은 행동평점 외에도 현재의 연체상황, 과거의 연체실적, 현재의 신용한도, 현재의 지불잔액 및 한도와의 관계, 그리고 이용 가능한 이용실적 등을 모두 고려해야 한다.

앞으로도 정보기술의 발전은 승인작업을 개선하는 데 상당한 도움을 줄 것으로 전망된다. 신용카드 경우에서의 반강제적(Captive) 구매 등에 대한 승인은 상대적으로 쉽다. 왜냐하면 각 판매시점은 중앙대금청구시스템과 직결되어 있고 승인프로그램 또한 판매가 행해지는 시점에서 작동하기 때문이다. 보통 승인은 주유소 등 기업의 컴퓨터프로그램에 탑재된 승인전략표에 따라서 자동적으로 이루어지게 되어 있어 지연은 오직 사람의 주관적 판단이 요구되는 경우에서만 발생하고 이 또한 짧은 동안의 지연일 뿐이다. 일반 신용카드 경우에서의 구매에 대한 승인은, 특정의 소매점체인과 연결되지 않았기 때문에 초창기에는 상당히 어려운 작업이었다. 그러나 정보기술의 발전은 이러한 승인작업을 보다 쉽게 만들어주었으며 이제 IC카드 및 전자지갑 등 첨단카드 등이 등장하면서 이와 같은 승인절차는 아예 생략되고 있다.

어쨌든 신용평점을 이용해서 정해진 신용한도에서도 많은 신용여력이 남아 있는 계좌로 판명된 카드에 대해서는, 신용카드 회사 입장에서 어떠한 검증 없이 자동적으로 구매가 승인되도록 하는 전략을 구사할 필요가 있다. 반대로 구매금액이 정해진 신용한도를 자주 넘는 경우에는 검증이 반드시 이루어져야 하는데, 이 경우에는 검증이 행동평점이 계산될 수 있는 시점과 전략이 적용될 수 있는 시점의 중간에서 이루어지는 것이 바람직할 것이다.

⑤ 판매촉진에 활용(Solicitation for Marketing)

많은 신용공여기관은 고객 특성에 따라 여러 가지 신상품을 마케팅하고 있다. 특히, 이메일 및 카탈로그를 통한 온라인 및 통신판매가 빈번하게 이루어지고 있다. 고객들에게 마케팅 데이터를 전달하는 데 사용되는 매체가 무엇이건 간에 이는 상당한 시간 및 비용이 수반되는 과정이다. 특히 이러한 활동에 별 반응을 보이지 않는 고객에게까지 판매촉진 데이터를 보내는 일은 비용 발생 및 시간 낭비를 수반한다. 만약 통신 및 온라인 판매에 응할 가능성이 높은 고객에게만 마케팅 데이터가 전달될 수만 있다면 마케팅 활동은 상당히 효율적이고 효과적이 될 수 있을 것이다. 따라서 이러한 경우에 행동평점이 이용되며 고객집단 중 특정그룹을 대상으로 마케팅 데이터를 보내게 된다.

3. 추심평점(Collection Scoring)

추심평점의 의의 신청평점모형과 행동평점모형이 성공적으로 적용되어감에 따라 사후관리 및 회수 부문에서도 평점의 적용 가능성이 모색되기 시작했다. 특히 1990년대에 들어서 추심 프로세스를 효율화하기 위한 기술들이 많이 개발되었으며 추심 프로세스를 자동화하고 일상적인 거래에 추심 담당자들의 개입을 최소화하기 위해 추심자동화 프로세스가 개발되었다. 또한 추심담당자들이 판매나 마케팅 관점에서 고객의 지속적인 가치와 미납계좌의 자본비용이나 손실을 효과적으로 고려할 수 있도록 만드는 것이 중요해졌다. 이런 과정에서 많은 금융회사들이 추심계좌에 대한 정보를 축적해감에 따라 통계적인 스코어링 기술을 적용하는 것이 가능해졌으며 정확한 추심평점과 회수평점이 개발되기 시작했다.

추심평점(Collection Score)은 전형적으로 초기 단계 추심계좌(신용평점 계산 시점에 90일 미만 연체)가 90일 이상 연체나 손실에 이를 가능성을 측정한다. 이에 반해 회수평점(Recovery Score)은 심각한 상태의 연체계좌(신용평점 계산 시점에 90일 이상 연체상태)가 연체금액을 갚을 가능성을 측정한다. 추심평점과 회수평점은 동일한 포트폴리오에서 추출된 별개 샘플에 대해 통계적 검증을 거쳐 정확한 것으로 입증된, 소비자의 상환 리스크를 효과적으로 계량화한다. 추심담당자는 이들 평점을 연체 포트폴리오 내에서 지식에 기초한 추심 우선 순위를 결정하는 데 사용한다. 기본적으로 이 평점들은 고객의 가치와 추심비 용 및 기대손실 사이에 균형을 취하는, 즉 경제적으로 의미 있는 의사결정을 내리는 추심전략을 실행하는 데 사용된다.

추심평점과 회수평점의 개발대상은 연체 중인 고객이며, 고객의 신상정 보, 은행거래정보, 외부 신용정보 등을 이용하여 연체 발생 후 주기적으로 산출하게 된다. 추심 및 회수평점은 신청평점이나 행동평점과 차이를 보이는 데, 이는 모형구축의 기술적 측면이 아니라 주로 입력데이터의 차이에 기인한 다. 추심평점도 과거의 계좌 신청 당시의 정보를 이용하지만 대체로 평점의 예측능력은 대부분 최근의 계좌 성과로부터 나온다. 또한 추심평점은 계좌의 발생시기(Vintage)나 활동, 업데이트된 크레딧뷰로 정보도 이용한다. 추심평점 모형이 신청평점모형보다 통상 25~30% 더 정확할 수 있다는 것은 전혀 놀랄 일이 아니다. 문제는 계좌가 발생되어 연체상태에 있기 때문에 소급해서 해당 신청을 거절하거나 다른 상품을 제안할 선택권이 없다는 것이다. 추심평점은 리스크 예측력을 극대화하는 데 유리하다. 그러나 손실을 피하는 데 있어서 회수와 손실완화 전략보다는 애초에 리스크를 수용하지 않는 것이 더욱 효율 적이라 할 수 있다.

그럼에도 불구하고 평점 기반의 추심전략은 상당한 성과를 보인다. 전략의 범위는 추심평점이 제시하는 바와 같이, 전화요망 리스트에 따라 전화독촉시 우선순위를 정하는 것에서부터 순회수금액을 극대화하기 위해 어떤 자원을 선택할 것인지를 최적화하는 것까지 다양하다. 미국 카드산업에서는 회수금액 기준으로 3%의 개선효과가 있음이 증명되었다. 모기지 산업에서도 페니메(Fannie Mae)와 프레디 맥(Freddie Mac)의 추심평점 이용이 가능해짐에 따라 평점 기반 회수 전략이 촉진되었다. 모기지 산업에서는 회수금액에 부정적인 영향을 미치지 않으면서 대략 25~50%의 발신통화횟수를 감소시킨 것으로 나타났다.

추심평점 적용　　추심평점은 포트폴리오의 각 계좌에 대해 양질의 추심 가능성에 대한 정확한 측정치를 제공한다. 추심프로세스에 대한 리엔지니어링을 통해 자동화된 신용평점 계산시스템에서 동태적인 추심전략을 실행하는 프로세스를 살펴보자. 모든 연체계좌에 대해 시스템을 통해서 평점이 매겨지게 되고, 이 과정에서 예외적으로 사람이 직접 수작업으로 검토해야 하는 계좌들이 선정된다. 예외계좌를 제외한 모든 계좌에 대해서는 추심평점이 산출되며, 이 추심평점을 기준으로 자동화된 프로세스를 통해 의사결정이 이루어지게 된다. 그리고 특정 추심평점그룹에 대해서는 차별화된 추심행동이 실행된다. 예를 들어, 리스크의 정도에 따라 리스크가 낮은 그룹인 A에 대해서는 정중하게 편지로 사실을 인지시키고, 리스크가 중간정도인 그룹인 B, C 그룹에 대해서는 전화나 서신으로 사실을 통지하며 리스크가 높은 그룹인 D 그룹에 대해서는 추심담당자가 방문하는 등 차별화된 행동을 실행한다. 고유의 추심평점을 사용하는 궁극적인 목적은, 바로 자동화되고 통계적으로 유의하여 경제적으로 의미 있는 의사결정 시스템을 운영하

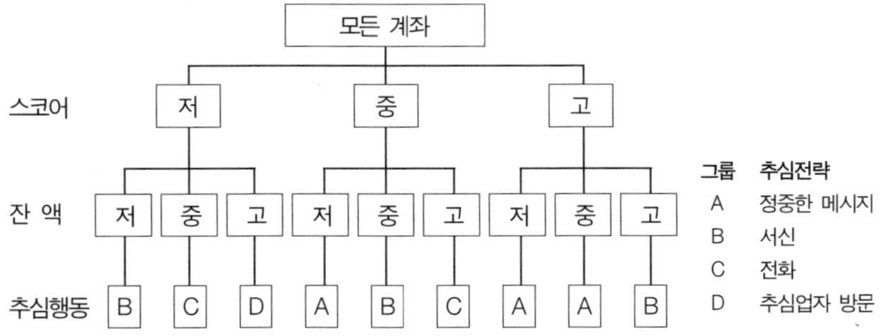

<그림 8-1> 평점 기반의 추심전략 사례

는 것이다. 최종적으로 신속한 의사결정도 중요하지만 보다 더 중요한 것은 양질의 의사결정이다.

일반적으로 초기 추심단계에서는 추심평점이 높으면 연락을 집요하게 하지 않아도 된다. 이 단계에서는 소진율, 유사한 채무에서의 성과, 그리고 이용 가능한 자금원 등에 대한 정보를 수집하게 되고 신규 신용에 대한 조짐을 검토하여 전반적인 상환능력의 영향을 분석한다. 크레딧뷰로 기반의 모니터링 서비스를 사용해서 전체 신용 프로파일의 변화에 대해 금융회사에 정보를 주고, 추심정책에 변경을 가할 수도 있다. 중기 추심단계에서는 추심평점이 높으면 연체액을 받기 위해 지속적인 노력을 하게 된다. 낮은 추심평점, 높은 소진율 또는 유사한 부채에 상각이 있으면 되도록 빨리 담보에 대한 소유권 행사(Repossession)/차압(Foreclosure)과 같은 적극적인 전략을 실행한다. 또는 추심평점이 낮거나 소진율이 높은 경우, 유사한 부채에 상각이 있고, 파산이나 지급불능이 예측되는 경우, 일부잔액조정 협상 전략을 구사할 수도 있다. 말기 추심단계에서는 미국의 금융회사들은 연체계좌를 추심전문회사에 회부한다. 새로 상각되거나 심각하게 연체된 계좌를 받으면, 새로운 신용보고서를 받게 된다. 연락처 정보가 제한되거나 최근 정보가 없으면 대체할 수 있는 주소를 검토한다. 이때 상환 능력이 있다는 것을 정당화할 수 있는 우량정보(높은 크레딧뷰로 신용평점, 낮은 소진율, 유사한 채무에 대한 좋은 상환이력, 회수 가능성이 있는 여타 자금원의 존재 여부 등)를 찾게 된다. 신규의 신용추구도 지속적인 소득원이 있다는 증거로 해석될 수 있으며 추심업자도 크레딧뷰로의 신용보고서와 평점을 활용한다. 높은 추심평점은 차압할 수 있는 저축이나 소득이 있다는 것을 의미한다는 점에서 향후 법적 대응에도 영향을 줄 수 있다. 모기지와 주택담보대출(Home Equity Loan)이 있다는 것은 달리 말하면 자산이 존재한다는 것을 뜻하므로, 압류할 수 있는 저당권, 압류를 실제 행할 수 있는 원천이 있음을 보여주는 것이라 할 수 있다.

신용평점모형의 개발사례

1. 신청평점모형

신청평점표의 개발 국내 모 은행은 기존에 사용했던 카드부문의 신청평점표의 성능이 많이 떨어지고 있고, 과거 개발모집단과 비교해 현재 모집단이 변화하고 있다는 징후가 뚜렷하게 나타남에 따라 신청평점표의 재개발에 착수하였다. 신청평점모형 개발은 내국인이면서 신용카드 상품을 신청한 대상자를 대상으로 했으며, 은행을 이용하고 있는 거래고객과 이용하지 않는 미거래 고객 등 두 개의 모집단을 설정하였다. 내국인이면서 신용카드 상품을 신청한 고객이지만, 법적인 제약 및 향후 적용대상에서 벗어나는 고객(은행이 정한 불안정직업군 종사자, 20세 미만 고객 등)은 개발대상에서 제외하였다.

모형개발을 위한 우량·불량 정의는 연체일과 연체금액을 조합하여 이용하였다. 연체금액의 경우에는 실무자의 과거 경험에 기초하여 10만 원으로 설정했고, 연체일수는 상품특성에 따른 연체일수로써 90일을 적용하였다. 우량·불량 관찰기간은 12개월로 했고, 샘플링 기간은 계절성을 제거하기 위해

12개월로 정의하였다. 자료는 실제 모형개발에 필요한 고객을 임의추출 방식으로 추출하였다. 추출은 불량 건과 우량 건이 동일하도록 추출했으며, 최소 권장 표본 수 1,500개 이상이 되도록 하기 위해 은행거래고객 중 불량고객 6,891명에 맞추어 우량고객 수를 6,891명이 되도록 추출하였다. 개발용 자료와 검증용 자료 역시 6,891명의 표본 수 중에서 임의추출방식을 통해 8 : 2로 분할하였다.

생성한 개발용 자료에 대해 각 특성변수의 항목분석을 수행하였다. 이 과정을 통해서 적정 범주를 설정할 수 있는데, 논리적인 해석이 가능하게끔 범주를 묶었다. 실제로 추출한 자료에서는 400여 개의 특성변수가 존재했으나, 이상치 체크, 무결성 체크를 통해서 특성변수의 수가 많이 감소하여 62개의 특성변수를 도출하였다. 특성변수는 주회원 중복신청 여부, 성별, 결혼 여부 등 인적정보, 당행 거래기간, 유동성 예금잔액, 정기성 예금평균잔액 등 자사거래정보, 연체금액, 백화점카드 개수, 최근 91일 이내 조회 건수 등 외부 신용정보로 구성되었다.

62개의 특성변수에 대해 항목분석을 수행하였다. 이 중 설명력이 높다고 생각되는 15개의 개별 변수에 대한 항목분석표에 의거하여 단변량 로지스틱 회귀분석을 하여 결정계수를 산출하고 빈도수, 최소값, 최대값, 평균값, 중간값 등 기초통계량 분석과 우량고객과 불량고객 간의 t - 통계량과 유의확률, 유의수준 등을 포함한 항목분석을 실시하였다.

실제 모형을 추정하기 위해 앞에서 분석한 62개의 항목분석 결과를 이용했고, SAS를 사용하여 최적 특성변수를 선택하는 통계적 작업을 수행하였다. 그 결과 원모형에 해당하는 17개의 특성변수를 도출했고, 이때 K-S 통계량은 34.64였다. 원모형에 추가 특성변수를 가감하는 통계적 작업을 4회 실시한 결과 수정모형 4가 K-S 통계량이 35.39로 가장 높게 나타남으로써 수정모형

	원모형	수정모형 4
신청정보	중복신청 여부 성별 주거 종류 직업 코드 주거 소유 재직 기간 부양가족 수	중복신청 여부 성별 주거 종류 직업 코드 주거 소유 부양가족 수 연령
거래정보	유동성(은행)예금 6개월 평균잔액 정기성(은행) 예금 잔액 정기성(신탁)예금 6개월 평균잔액	유동성(은행)예금 3개월 평균잔액 정기성(은행)예금 6개월 평균잔액 정기성(신탁)예금 3개월 평균잔액
특수 카드정보	연체금액 (최근 3개월 전) 최근 2개월 현금서비스 백화점카드 개수	백화점카드 개수 연체금액(최근 3개월 전)
외부정보	최근 1개월 신용카드 개설조회 건수 최근 6개월 신용개설 건수 최근 12개월 조회 건수	최근 91일 이내 신용개설 건수 총 조회 건수 최근 60일 이내 신용카드 개설 조회 건수
특성변수의 수	17개	15개
개발용 자료 K-S 통계량	34.64	35.39
검증용 자료 K-S 통계량	33.91	34.95

4를 최종 평점표 모형으로 결정하였다. 이때, 검증용 자료에 대한 K-S 통계량이 34.95로 개발용 자료의 K-S 통계량과 크게 다르지 않으므로 개발한 모형이 안정적인 것으로 판단하였다. 특성변수는 성별, 주거소유, 연령, 주회원 총 조회 건수 등 15개 항목으로 확정하였다.

수정모형 4의 15개 특성변수에 대한 통계적 유의성을 나타내는 계수값 추정치를 도출했으며 모든 계수값을 음수 값이 아닌 값으로 바꾸고 15개 특성 변수별 최대값의 합계를 1,000점으로 하여, 각 변수의 점수를 배분한 최종 평점표 〈표 9-2〉를 도출하였다.

〈표 9-2〉 최종 평점표 사례

No.	특성변수	속 성				
1	주회원 중복 신청 여부	① 예 0	② 아니오 15			
2	주회원 성별	① 여성 20	② 남성 0			
3	주회원 주거 종류	① 아파트 62	② 비아파트 0			
4	주회원 직업 코드	G1(127) 67	G2(38) 49	G3(45) 38	G4(6) 0	
5	주회원 주거 소유	① 본인/배우자 49	② 가족 25	③ 기타 0		
6	주회원 부양 가족 수	① 없음 0	② 있음 27			
7	주회원 유동성 (은행) 3개월 평균잔액	① 6만 원 미만 0	② 40만 원 미만 40	③ 300만 원 미만 87	④ 100만 원 이상 120	
8	주회원 정기성 (은행) 6개월 평균잔액	① 0원 0	② 200만 원 미만 47	③ 200만 원 이상 121		
9	주회원 정기성 (신탁) 3개월 평균잔액	① 잔액 없음 0	② 잔액 있음 66			
10	주회원 연체 금액 (최근 3개월 전)	① 5만 원 미만 49	② 5만 원 이상 0			
11	주회원 백화점 카드 개수	① 0장 0	② 1~2장 77	③ 3장 이상 113		
12	주회원 최근 91일 이내 신용 개설 건수	① 0건 98	② 1~3건 69	③ 4건 이상 0		
13	주회원 총 조회 건수	① 0~2건 136	② 3~5건 92	③ 6~10건 54	④ 11건 이상 0	
14	주회원 최근 60일 이내 신용카드 개설조회 건수	① 0~1건 29	② 2건 이상 0			
15	주회원 연령	① 23세 이하 0	② 24~32세 4	3. 33~39세 11	④ 40~49세 18	⑤ 50세 이상 28

<표 9-3> 거래고객 개발모집단 분포표

등급	평점	우량	불량	전체	구성비	불량율	판정
1등급	901~1,000	140	0	140	0.14%	0.00%	
2등급	801~900	1,282	6	1,288	1.32%	0.47%	자동승인
3등급	701~800	6,743	57	6,800	6.97%	0.83%	
4등급	601~700	19,913	306	20,219	20.73%	1.51%	본부심사
5등급	501~600	28,316	1,103	29,419	30.15%	3.73%	
6등급	401~500	26,368	2,386	28,754	29.47%	8.30%	
7등급	301~400	5,640	2,009	7,649	7.84%	26.26%	
8등급	201~300	2,056	890	2,946	3.02%	30.21%	자동거절
9등급	101~200	210	124	334	0.34%	37.13%	
10등급	0~100	8	10	18	0.02%	55.56%	
합/평균		90,676	6,891	97,567	100.00%	7.06%	

도출한 평점표를 개발모집단의 거래고객 9만 7,567명에 적용시켜 우량·불량에 따른 분포표를 작성하였다. 또한 평점에 따른 불량률도 함께 표시했는데, 평점이 높아질수록 불량률은 낮아지고 평점이 낮을수록 불량률은 높게 나타났다. 이와 같이 불량분포도와 우량분포도가 종모양의 정규분포 형태로 나타남으로써 앞에서 도출한 평점표가 합리적이고 타당한 것으로 판단되었다.

위의 거래고객 개발모집단의 평점대별 분포표 <표 9-3>에 의거하여 금융기관에서는 분리판정점(Cut-Off)을 정할 수 있고, 이자율을 차등 적용하거나 한도를 부여할 경우 차등을 두는 등 많은 부분에서 활용할 수 있다. 예를 들어, 현재 자동승인은 3등급인 701점 이상으로써 구성비가 8.43%에 예상불량률은 평균 0.76%이다. 이를 601점까지 낮추면 구성비는 29.16%로 늘어나고, 예상불량률은 평균 1.30%로 올라갈 것이다. 이에 따라 자동승인 구간을 701점에서 601점 이상으로 한 등급 내림으로써 고객 수로는 2만 219명이 자동승인으로 늘어나고, 구성비도 8.43%에서 29.16%로 늘어남으로써 마케팅 전략 차원에서 많은 우량고객을 확보하고도 불량률은 낮출 수 있고, 또한 자동거절도 6등급에서 7등급으로 한 단계 내리고 5등급·6등급을 본부심사로 함으로써 자동거절구성비를 40.69%에서 11.22%로 낮추고, 본부심사 구성비는 50.98%에서 오히려 59.62% 늘어나서 고객에 대한 신중한 접근전략을 펼 수 있다.

미거래고객에 대해서는 14가지 특성변수에 대해 거래고객과 같은 절차에 의해 신청평점모형을 개발했고, 최종적으로 미거래 고객에 대한 개발모집단 3만 9,076명에 대한 분포표를 도출했으며, 이 표에 의거하여 자동승인, 자동거절 등 분리판정점(Cut-Off)을 정했다.

평점표의 적합성 검증 신청평점 시스템 개발과정 중 모형추정 및 평점표 구축에서 최종 특성변수로 15개를 선정하고, 각 특성변수별 최고점수의 합계가 1,000점이 되도록 하는 최종 평점표를 구축하였다. 이 최종 평점표에 의거 개발모집단에 속해 있는 거래고객 9만 7,567명의 점수대별 분포를 살펴본 결과 우량·불량 분포도와 같이 종모양의 정규분포를 나타내므로, 이 최종 평점표는 합리적이고 타당하다고 평가할 수 있다.

이와 같이 만들어진 최종 평점표가 실제로 우량·불량 고객을 어느 정도 정확히 구별하는가를 분석하는 방법은 크게 세 가지 방법으로 분류할 수 있다. 첫째로는 K-S 통계량 분석에 의한 방법이다. 이 경우 개발용 자료에 의거하여 먼저 선정된 특성변수 15개의 K-S 통계량이 35.39로 가장 높았고, 이것을 검증하기 위해 검증용 자료에 의거 K-S 통계량을 확인한 결과도 34.95로 가장 높게 나왔으므로 '특성변수 15개에 의거하여 최종 평점표를 만드는 것이 가장 합리적이다'라고 평가하였다. 둘째로 신규고객에 대해 최종 평점표에 의거하여 우량고객으로 판정하여 대출을 한 경우, 그 고객이 1년 후 혹은 2년 후

얼마만큼 우량으로 남아 있느냐를 실제로 분석함으로써 그 평점표를 평가하는
방법이 있을 수 있다. 이 방법은 개인별 대출 데이터에 접근방법이 용이하지
않으며, 신용공여기관이 자료유출을 꺼리고 있기 때문에 개별 데이터에 의한
평가보다는 신청평점 시스템 도입 후 카드론을 포함한 소액가계 대출부분의
연체율 변동을 전체적으로 살펴봄으로써 평가해야 할 것이다. 이 경우 보통
신용대출 및 신용카드 연체율이 큰 폭으로 하락한다. 셋째로는 평점표를 개발
할 당시 은행거래고객 개발용 자료에 의거하여 개발했으므로 은행거래 고객을
우량·불량 고객 정의에 따라 실제로 분류한 다음, 최종 평점표에 의거하여
판정한 결과 실제 우량고객 및 불량고객에 대한 판정된 적중률이 얼마인지를
분석함으로써 그 적중률에 의거하여 평점표를 평가하는 방법이다. 이 방법에
따라 은행 거래고객 개발모집단 9만 7,567명을 실제로 우량·불량 고객 정의에
의거하여(금액은 10만 원 이상, 연체일 수는 90일 이상 연체고객) 분류한 결과,
우량고객 9만 676명과 불량고객 6,891명으로 분류되었다. 다음으로 1등급에서
10등급까지의 최종 평점표에 의거하여 분류한 개발모집단 분포와 실제 우량·
불량 고객 분포에 의한 평점표의 적중률을 분석한 결과, 은행거래고객의 최종
평점표 적중률은 〈표 9-4〉에서와 같이 최대 70.41%의 예측률을 나타냈다.

  그리고 은행미거래 고객용 최종 평점표의 적중률은 69.85%로 계산되었
다. 이와 같이 적중률이 70%대로 기업부도예측모델의 적중률 90%대에 비하
면 낮은 것으로 보이나, 이 적중률은 매우 높은 것으로 평가할 수 있다. 왜냐하
면, 기업부도예측모델은 3년 또는 5년간의 신뢰할 수 있는 재무제표의 많은
정보에 의거한 예측모델인 데 반해, 개인고객용 최종 평점표의 적중률은 개인
별로 체계적인 재무정보가 거의 없고, 우량정보보다는 불량정보에 의존하거
나 본인의 신고정보에 의존한 평가모델이기 때문이다. 따라서 예측적중률
70.41%와 69.85%는 매우 높은 예측률이라고 판단되며, 결과적으로 최종 평점

〈표 9-4〉 평점표의 적중률

등급	우량	불량	적중률
1등급	140	0	50.77
2등급	1,282	6	50.73
3등급	6,743	57	54.04
4등급	19,913	306	62.80
5등급	28,316	1,103	70.41
6등급	26,368	2,386	67.64
7등급	5,640	2,009	56.17
8등급	2,056	890	50.85
9등급	210	124	50.06
10등급	8	10	50.00
계	90,676	6,891	

표는 합리적이고 타당하다고 평가되었다.

2. 행동평점모형

행동평점표의 개발　　국내 모 은행은 기존에 사용했던 실행 여신의 행동평점표의 성능이 많이 떨어지고 있고, 행동평점 대상 고객의 등급을 조절하기 위해 행동평점표의 재개발에 착수하였다. 개발대상 모집단은 개인대출을 보유하고 있는 기존거래 고객으로 평가시점 당시 연체 상태에 따라 모집단을 나누었다. 0 cycle(만기일전 연체 0·1회차 만기일 후 연체 0회차), 1 cycle(만기일 전 연체 2회차, 만기일 후 연체 1회차), 2~3 cycle(만기일 전 연체 3·4회차 만기일 후 연체 2·3회차)의 세 가지 모집단을 설정하였다. 연체 0회차는 무연체, 1회차는 1~30일 연체, 2회차는 31~60일 연체, 3회차는 61~90일 연체, 4회차는 91~120일 연체를 의미한다.

개발대상은 개인대출을 보유한 기존거래 고객이지만, 예·적금 담보대출, 단체대출, 임직원 대출, 20세 미만에 대한 대출, 연체가 6개월 이상의 대출 등은 모형의 정확도를 높이기 위해 모형개발대상에서 제외하였다.

모형개발을 위한 우량·불량 정의는 연체일수만을 고려하여 설정했고, 우량·불량을 파악하기 위한 관찰기간은 6개월로 하였다. 모형개발에 필요한 자료는 임의추출 방식으로 추출하였다. 추출은 최소권장 건수인 1,500건을 넘게 추출했는데, 0~1 cycle에서는 표본 수를 충분히 확보하여 1만 건을 추출했고, 2~3 cycle에서는 가장 작은 우량 건수인 1,322건에 맞춰 불량 건을 동일하게 추출하였다. 개발용과 검증용 자료 역시 임의적으로 8:2로 분할했으며, 2~3 cycle의 경우 건수가 많지 않아 검증용 자료를 구성하지 않았다.

생성한 개발용 자료에 대해 각 특성변수의 항목분석을 하였다. 이 과정을 통해서 적정 범주를 설정할 수 있는데, 논리적인 해석이 가능하도록 범주를 묶었다. 개발용 자료의 특성변수는 대출실적정보, 대출연체정보, 외부 신용정보, 자사 카드거래정보, 수신실적정보, 타사카드정보, 부수거래정보 등으로 구성되어 있다.

이와 같은 79개의 특성변수에 대해 항목분석을 수행하였다. SAS를 이용하여 가장 유용한 특성변수를 찾기 위해서 앞에서 언급한 79개의 특성변수를 이용하여 통계적 작업을 실시하여 0 cycle고객에 대한 최종모형을 도출하였다. 그 결과 원모형에 해당하는 12개의 특성변수를 도출했고, 이때 K-S 통계량은 36.72였다. 원모형에 추가항목을 가감하는 통계작업을 실시하여 수정모형 2가 K-S 통계량이 39.78로 가장 높게 나타남으로써 수정모형 2를 최종 평점표 모형으로 결정했고, 이때 특성변수의 수는 11개로 결정되었다. 또한 검증용 자료의 K-S 통계량 역시 38.88로 개발용과 크게 다르지 않은 것으로 나타나 모형이 안정적으로 구축되었음을 알 수 있다.

<표 9-5> 후보모형에 사용된 특성변수 및 모형의 K-S 통계량

	원모형	수정모형 2
대출실적정보	최근 3개월 대출약정금액 최근 3개월 한도대출 평균 사용률	최근 6개월 대출 약정 수
대출연체정보	최근 6개월 최장 연체회차 최근 3개월 기일 전 평균 연체일 수	최근6개월 최장 연체 회차
당행 카드 거래정보	최근 6개월 자사카드 연체금액 최근 6개월 자사카드 현금서비스 사용 월 수	최근 6개월 자사카드 연체금액 최근 6개월 자사카드 사용패턴 최근 6개월 자사카드 현금서비스 사용 월 수
수신실적정보	최근 6개월 예금 최대 보유 건수 기준 월 요구불 예금평균잔액	최근 6개월 예금 최대 보유 건수 기준 월 요구불 예금평균잔액
타사 카드 정보	기준 월 타사카드 총 연체금액 최근 3개월 타사 현금서비스 사용금액	기준 월 타사카드 총 연체금액
부수거래정보	최근3개월 부수거래 이용개월 수	최근 3개월 자동이체, 공과금 총 건수 최근 3개월 부수거래 이용개월 수
외부신용정보	최근 불량발생으로부터의 기간	기준월 불량등록 여부
변수 수	12개	11개
개발용 자료 K-S 통계량	36.72	39.78
검증용 자료 K-S 통계량	36.74	38.88

수정모형 2의 11개 특성변수에 대한 통계적 유의성을 나타내는 계수값 추정치를 도출했으며 모든 계수값을 음수 값이 아닌 값으로 바꾸고 11개 특성 변수별 최대값의 총합을 1,000점으로 하여, 각 변수의 점수를 배분한 최종 평점표 <표 9-6>을 도출하였다.

**평점표의
적합성 검증**   행동평점 시스템의 최종 평점표에 의한 고객평가의 우량·불량 적중률을 분석하였다. 우량·불량 정의 및 가동방식 정의에서 정의한 바에 의거, 실제 우량고객 75만

〈표 9-6〉 최종 평점표 사례

No	특성변수	속 성						
1	최근 6개월 최장 연체 회차	0회	1회	2회	3회	4회	5회 이상	
		258	237	154	89	37	0	
2	최근 6개월 자사 카드 연체금액 (단위: 만 원)	~5	~50	~200	~500	500~		
		122	109	95	47	0		
3	기준월 타사 카드 총 연체금액 (단위: 만 원)	~5	~50	~150	150~			
		81	72	44	0			
4	최근 6개월 대출 약정 수	0건	1건	2건 이상				
		0	41	81				
5	최근 6개월 자사 카드 사용패턴	신판만	할부+신판,할부만	현금+신판	현금만	현금+할부+신판	현금+할부	사용 없음
		89	80	55	44	38	1	0
6	최근 6개월 자사 카드 현금서비스 사용 월 수	0개월	1개월	2개월	3~6개월	사용 없음		
		61	44	23	16	0		
7	최근 3개월 자동 이체, 공과금 총 건수	0건	~5건	~10건	~20건	~30건	31건~	
		0	4	21	33	51	61	
8	최근 3개월 부수 거래 이용개월 수	0개월	1개월	2개월	3개월			
		0	12	23	35			
9	최근 6개월 예금 최대 보유 건수	0건	1건	2건	3건 이상			
		0	25	32	44			
10	기준월 요구불 예금평균잔액 (단위: 만 원)	~10	~70	~100	~200	~400	400~	
		0	8	15	22	32	49	
11	기준월 불량 등록 여부	미등록	등록/해제					
		119	0					

1,404명과 불량고객 2만 3,724명을 분류하고, 또한 최종 평점표에 의거하여 개발모집단 77만 5,128명을 등급별로 구분하였다. 이것에 의거하여 신청평점 시스템의 평점표 평가와 같은 방법으로 적중률을 분석하였다. 이와 같이 0 cycle 고객에 대해 행동평점 시스템의 평점표 적중률을 구한 결과 〈표 9-7〉과

〈표 9-7〉 평점표의 적중률

등급	평점	우량	불량	적중률
1등급	901~1,000 801 ~ 900	29,972 222,299	- 93	51.99 66.59
2등급	701 ~ 800	313,675	602	86.19
3등급	601 ~ 700 501 ~ 600	118,227 45,584	2,578 4,214	88.63 82.78
4등급	401 ~ 500	15,778	7,687	67.63
5등급	301 ~ 400	4,828	6,961	53.28
6등급	201 ~ 300 0 ~ 200	1,009 32	1,543 46	50.09 50.00
합계		751,404	23,724	

같이 최대치 적중률이 88.63%로 높게 나타났으며, 1 cycle 고객의 적중률은 68.23%, 2~3 cycle 고객의 적중률은 65.91%로 나타났다. 행동평점모형의 적중률이 신청평점모형보다 적중률이 높은 이유는 행동평점 자체가 기존거래고객에 대한 신용평점이므로 살아 있는 각종 데이터 등이 많은 관계로 신청평점에 비해 상대적으로 높은 점수가 나올 수 있으며, 0 cycle 고객에서 1 cycle 고객, 2 cycle 고객으로 갈수록 적중률이 낮아짐을 알 수 있다. 따라서 행동평점 시스템의 최종 평점표는 합리적이고 타당하다고 할 수 있다.

3. 추심평점모형

추심 및 회수평점은 추심 포트폴리오에서 추출한 표본데이터에 선진화된 모델링 기법을 적용하여 개발된다. 전형적으로 모형은 비선형 회귀방법인 최우추정법(Maximum Likelihood Estimation)을 이용한다. 모델링 과정에서 가장 중요한 것은 우량·불량 계좌를 가장 잘 구분하는 데이터요소를 찾아내고 가중치를 적용하기 위해 통계적 방법을 사용하는 것이다.

　모형의 산출물은 추심담당자가 정의한 특정 추심 이벤트가 발생할 가능성을 나타낸다. 이러한 접근법은 모든 금융회사에 공통되는 일반적인 모델 솔루션이라기보다는 개별 회사의 데이터나 사업목적의 고유성을 반영하는 것이 특징이다. 초기단계 연체계좌의 경우 추심담당자들은 일반적으로 특정 계좌가 상각될 확률을 알아내는 데 관심을 가진다. 말기 연체계좌의 경우 관심 있는 사항은 상각된 계좌의 연체금액의 회수 가능성이다. 즉 회수평점은 이미 심각한 연체상태에 있는 계좌가 미래에 상환할 가능성을 예측한다. 일반적으로 회수평점은 심각한 연체상태에 있는 계좌를 대상으로 개발된다. 회수평점의 우량·불량 비율(Odds)은 미래 특정기간, 예를 들어 6개월 이내에 연체금액의 몇 %가 상환될 것인지에 관련된다. 만약 계좌의 회수 우량·불량 비율이 1 : 1이라면 잔액의 1/2이 향후 6개월 이내에 상환될 가능성이 있다는 것이다. 이러한 우량·불량 정의는 금융회사별 이윤, 소속 산업, 자본비용이나 다른 고유한 요소들에 따라 다르게 내려진다. 특히 평점 성과에서 약간의 차이가 상대적으로 규모가 작은 포트폴리오에 적용된다고 하더라도 큰 금액의 차이를 발생시킨다는 점을 인식해야 한다. 일반적으로 추심 및 회수평점모형 개발에 사용되는 특성변수는 최종납입 이후 경과개월 수, 업데이팅이 된 이후 경과개월 수, 최근 연체 등이다. 최종납입 이후 연체개월 수는 어떤 계좌가 대금을 상환하지 않고 경과한 개월 수가 길면 길수록 이 계좌의 상환 가능성은 낮아지게 된다는 것을 나타내며 경과개월 수가 짧을수록 높은 가중치를 부여받게 된다. 업데이팅 이후의 경과개월 수는 계좌가 최근에 업데이팅이 될수록 상환 가능성이 높아짐을 나타낸다. 최근 연체 여부는 비록 회수평점이 심각한 연체상태에 있는 계좌를 대상으로 한다고 할지라도 연체 정도가 심각할수록 상환 가능성이 낮아짐을 나타낸다. 이외에 고려되는 특성변수들로는 지난

〈표 9-8〉 추심평점표 사례

특성변수	속성 / 가중치		
최종납입 후 경과개월 수	0	1	2 이상
	30	25	15
업데이트 이후 경과개월 수	0~3	4~8	9 이상
	38	25	12
최근 연체	0~3	4	5 이상
	40	30	20

6개월간 잔액대비 상환비율, 상당한 금액의 대금납부가 일어난 뒤 경과개월 수, 지난 6개월간 납입회수 등이 있다.

4. 신용평점의 개발효과

효율적인 신청평점모형의 활용에 따른 주요 효과는 다음과 같다.

첫째, 연체율 감소 효과이다. 각 금융기관에서는 신청평점 시스템 도입 이후 개인에 대한 신용대출 및 카드론에 있어서 정상 입금률은 향상되고, 연체율은 감소하였다. 둘째, 신청평점 시스템 도입 후 신청프로세스가 자동화되어 업무시간에서 40% 정도가 단축되었고, 이에 따른 여유인력을 영업점 마케팅 인력으로 배치하여 영업력을 강화시키는 효과가 나타났다. 셋째, 고객별로 상품을 개발하여 데이터베이스 마케팅이 가능하게 되었고, 신용등급별로 한도 및 이자율을 차등적으로 적용할 수 있게 되었다. 또한 등급산정을 하는 과정에서 우수고객을 확보하게 되어 고객서비스를 강화할 수 있는 기회를 갖게 되었다. 넷째로 신용등급, 즉 신용 리스크를 고려한 신용대출이 활성화되었다. 구체적으로는 대출실행 여부를 실시간으로 처리함에 따라 인터넷 대출을 이용한 시장의 확대를 기할 수 있게 되었다.

행동평점 시스템의 실제사례에서도 다음과 같은 효과가 나타났다.

첫째, 연체관리의 차별화이다. 예상 회수 가능성에 따라 적절한 관리를 함으로써 동일비용으로 회수율을 극대화시키고, 우수고객을 유지·강화시킴과 함께 불량고객을 사전에 차단 관리함으로써 부실채권을 미연에 방지할 수 있게 되었다. 둘째로, 재약정이나 기한 연장 시 자동관리가 가능하게 되었다. 우수 거래고객에 대한 기일관리 자동처리를 통해 업무의 효율성을 제고시켰고, 우수고객에 대한 고객만족을 증대시킬 수 있었다. 셋째로, 지속적인 고객의 신용등급 산정을 통해 우수고객에 대해 차별화 정책을 수행할 수 있다. 신용등급별로 재약정, 기한 연장 시 한도 및 이자율의 차등적용으로 마케팅 측면에서 고객서비스를 강화할 수 있었다. 넷째로 신용등급, 즉 신용 리스크를 고려하기 때문에 자산건전성 분류 및 대손충당금 설정에 대한 기초자료를 제공할 수 있는 등 다양한 효과가 나타나고 있다.

추심평점의 실제 적용과정에서도 다음과 같은 효과가 나타났다.

첫째, 손실액 감소이다. 위험한 고객을 사전에 파악하고, 신용 리스크 수준에 적절한 조치를 취함으로써 손실액을 줄일 수 있었다. 둘째, 수익성 증대이다. 적절한 추심행동에 반응을 하는 고객에 초점을 맞추고, 결국 상환하는 고객을 파악하여 그 고객군에 드는 비용을 절감할 수 있으며, 상환할 가능성이 가장 적은 계좌는 매각함으로써 수익성을 높일 수 있었다. 셋째, 운영의 효율성 증대이다. 자동화된 의사결정과정을 통해 수기작업 없이 적절한 조치를 실행할 수 있는 행동 시나리오를 할당할 수 있게 되어 운영효율성이 증대되었다.

크레딧뷰로의 기능과 활용

　　개인에 대한 신용평가가 정확하게 이루어지기 위해서는 금융회사들이 개인의 신용을 평가하는 데 요구되는 자료를 모두 활용할 필요가 있다. 그런데 현실적으로 개인 신용시장에서는 금융회사가 가지고 있는 정보와 개인이 자신의 신용상태에 대해 가지고 있는 정보 간에 차이가 발생하는 정보의 비대칭성(Information Asymmetry)이 존재하기 때문에 이로 인해 도덕적 해이(Moral Hazard)와 역선택(Adverse Selection) 문제가 발생한다. 이러한 문제를 시정하기 위해 금융회사들은 자사가 가지고 있는 고객의 신용정보뿐만 아니라 타사가 가지고 있는 고객의 신용정보까지도 공유(Credit Information Sharing)하여 활용할 필요성이 생겼으며, 이러한 금융회사 간 개인 신용정보의 공유 역할을 담당하는 것이 바로 민간 신용정보회사(Credit Bureau)이다.

1. 크레딧뷰로의 필요성

　　금융회사들은 고객이 신용을 신청하는 경우 일차적으로 자사가 가진 고객정보를 이용하여 고객의 신용상태를 평가한다. 그러나 금융회사가 가진 고객정보는 자사와의 거래과정에서 획득한 정보에 국한되기 때문에 고객의 신용상태에 관한 부분적인 정보만을 가지고 신용상태를 평가할 수밖에 없다. 여기서 바로 '정보의 비대칭'이란 문제가 발생하게 된다.

'홍길동'이라는 고객을 예로 들어보자. 이 고객의 금융회사 거래현황은 다음과 같다.

· A 은행 : 신용대출 1,000만 원, 연체 없음

· B 은행 : 담보대출 7,000만 원, 월 상한액 55만 원, 2개월 연체

· C 카드 : 한도 800만 원, 단기 연체 4회

이때 홍길동 고객은 자신의 신용정보를 모두 알고 있지만, A 은행은 이 고객의 신용정보 중 일부분밖에는 알지 못한다. 만약 이 고객이 A 은행에 추가 대출을 신청한다면 1,000만 원의 대출을 성실히 갚고 있다는 자체 정보만을 근거로 신용을 승인하게 된다. A 은행은 바로 역선택의 위험에 노출되는 것이다.

고객들이 자신의 신용정보를 모두 금융회사에 제공한다면, 정보의 비대칭 문제는 해소될 수 있다. 하지만 이를 기대하기는 힘들다. 현실적인 유일한 대안은 정보를 보유한 금융회사들이 각자의 정보를 서로 공유하는 것이라 할 수 있다. 그렇지만 여러 금융회사의 정보를 취합하고 이를 다시 제공하는 역할을 어느 한 금융회사에 맡길 수는 없다. 한 금융회사의 정보 독점을 우려한 다른 금융회사의 반발이 클 것이기 때문이다. 그래서 정보수집과 축적, 가공의 역할을 대신 맡는 제3의 기관이 필요해지는데 이 기관이 바로 크레딧뷰로(CB)이다. 크레딧뷰로 정보를 활용하면 정보의 비대칭 문제가 해소되면서 차입자의 도덕적 해이 문제도 자연스럽게 완화되는데, 이는 자신의 신용거래 내역이 적나라하게 금융회사에 노출되면서 고객이 금융회사를 더 이상 기만할 수는 없기 때문이다.

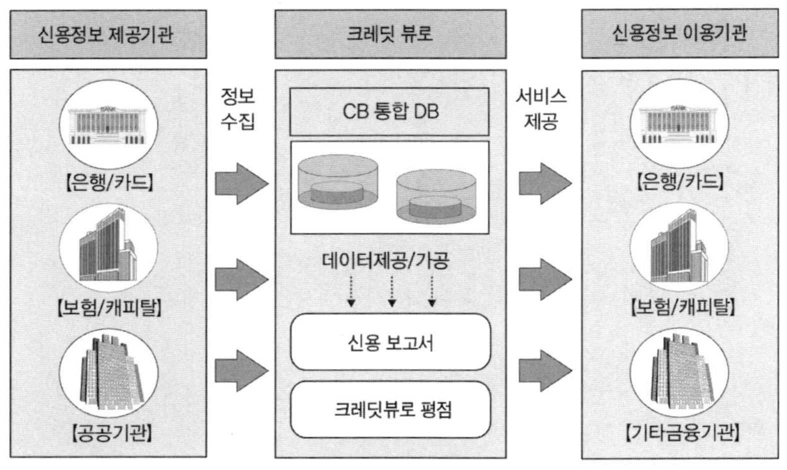

〈그림 10-1〉 크레딧뷰로의 구조

크레딧뷰로(CB)를 통해 금융회사들이 개인의 신용정보를 공유하면 정보의 비대칭성이 완화된다는 것은 많은 연구결과를 통해서도 실증적으로 제시되고 있다. 기존의 연구결과들을 통한 크레딧뷰로의 역할은 일반적으로 다음 네 가지로 요약된다. 첫째, 정보의 공유는 금융회사로 하여금 신용신청인의 성향을 파악할 수 있게 함으로써 보다 정확한 대출금의 회수 가능성을 예측할 수 있도록 해준다. 둘째, 정보의 공유는 대출 등에 있어 금융회사 간 경쟁을 유도하여 보다 공정한 대출가격결정을 할 수 있게 함으로써 정보의 공유가 없을 경우에 금융회사들이 신용신청인으로부터 취득할 수 있는 정보의 지대효과를 줄인다. 셋째, 정보의 공유는 신용신청인으로 하여금 대출금의 상환 유인을 제고하여 도덕적 해이의 발생 가능성을 줄이는 등 신용이용자의 기강을 바로잡는 효과를 가짐으로써 신용사회의 정착에 기여한다. 넷째, 서로 모르게 많은 은행에서 여신을 받아 과다채무(Over Debtedness)가 될 수 있는 신용신청인의 동기를 없애거나 줄인다.

2. 크레딧뷰로의 역사와 발전

크레딧뷰로의 역사

크레딧뷰로는 거의 대부분 자신과 사업을 하는 사람의 신용도에 대한 정보를 공유하려고 하는 상인들 간의 비공식적 모임이었던 상인연합회 형태로 시작되었다. 이 연합회는 보통 정기적으로 약속을 정해 오찬이나 회의에 참석해 다른 회원들의 새로운 신용 손실에 대한 정보를 공유하였다. 또 이런 만남을 통해 다른 회원들에게 자신의 회사에 새롭게 신용을 신청한 개인에 대한 신용도를 문의할 수 있는 기회를 얻게 된다. 이런 식으로 현재 엄청난 규모의 컴퓨터 데이터베이스가 된 신용정보는 정식으로 문서화되지는 않았지만, 보다 폭넓고 체계적인 방식으로 공유되었다.

결과적으로 이러한 상인연합회는 규모가 커지고 더욱 복잡해져 자신의 머릿속에 수집된 자료를 저장할 수 있는 개인의 능력을 벗어나게 되었다. 정보는 급속히 늘어나 종이에 물리적인 기록을 남겨두는 과정을 시작해야 했다. 따라서 이러한 수기 과정은 상인연합이 공식적인 조직으로써 일정량의 물리적 작업을 하도록 만들었다. 이렇게 해서 최초로 조직화된 개인 크레딧뷰로가 형성되었다. 크레딧뷰로 정보는 상당한 가치가 있었기 때문에 신중한 대출 결정을 하고자 하는 모든 사업 분야에서 상인연합회 참여는 필수적인 것이었다. 19~20세기 동안 복합적인 시장이 증가함에 따라 신생 개인 크레딧뷰로들은 보다 복잡하게 되었다. 보통 크레딧뷰로 정보는 신용도가 없어 보이는 개인들의 목록이나 정기적인 시트(Sheet) 형태로 저장되었다. 이러한 형태의 목록 서비스는 협회 회원사의 고객 수와 거래지역이 확대되자 더 이상 효력이 없어졌다. 공식적인 상인 크레딧뷰로는 대용량 파일 저장고에 가득 찬 복잡한 종이문서로 이루어진 복잡한 데이터베이스로 변모했다. 회원사는 신용이용신청이 있을 때마다 건수별로 크레딧뷰로와 접촉해야 했다. 그러면 협회 직원들은 파일시스템 내에서 정보를 찾아서 상인들이 그들의 필요에 맞게 의사를 결정할 수 있도록 요약된 정보를 제공했다.

이러한 수기 형태의 개인 크레딧뷰로 구조는 제2차 세계대전 이후 정보교환의 용량, 범위, 복잡성이 엄청나게 확장되는 극적인 경제변화가 일어나기 전까지는 유용하고 효과적인 것이었다. 그러나 전후의 모든 경제적 변화는 전통적 크레딧뷰로를 무용지물로 만들었다. 미국(20세기 대부분에 걸쳐 가장 선진화된 경제)에서 크레딧뷰로는 통합되고 자동화되었으며 이러한 통합과 자동화에는 많은 자본이 소요되었다. 과거에 대개 소규모였던 비영리 상인 크레딧뷰로들이 대규모 영리회사가 되었다. 이러한 추세는 세계적으로도 똑같이 일어났으나 후발 주자들은 이전의 비효율적 단계를 거치지 않고 바로 자동화된 전국적인 데이터베이스로 진입할 수 있었다.

미국 개인 크레딧뷰로의 발전

크레딧뷰로가 민간 부분에서 자율적으로 생성되어, 크레딧뷰로를 통한 신용정보 정보공유 확대의 긍정적 효과가 가장 많이 발현되고 있는 나라가 미국이다. 미국의 크레딧뷰로 시장은 소비자금융의 광역화, 신용카드의 활성화, IT기술의 발전 및 신용정보의 원활한 유통을 장려하는 연방정책에 힘입어 가장 선진화된 단계로 발전되었다. 특히, 미국의 연방정책은 크레딧뷰로 산업이 각계각층의 미국 국민에게 신용정보와 여타 금융서비스를 제공하도록 장려하는 데 결정적 역할을 해왔다.

미국의 크레딧뷰로 시장은 현재 3개사(Equifax, Experian, TransUnion)가 시장의 90% 이상을 지배하고 있다. 미국의 크레딧뷰로 3사는 2억 7,000만 명의 개인에 대한 정보를 보유하고 있고 이는 미국 경제활동인구의 97% 이상

의 정보에 해당한다. 1억 개 이상의 개인 이메일 주소와 4억 개 이상의 개인
및 기관의 프로파일, 그리고 50억 개 이상의 거래 건수(Trade Lines)를 보유하고
있다. 전체 데이터베이스를 평균적으로 일주일에 2번 업데이트한다. 6,500만
건의 업데이트가 매일 일어나고 매월 20억 건의 업데이트가 발생하며, 1개의
신용정보는 평균적으로 2개의 주소(Address), 10개의 금융 거래 건수, 6개의
최신 조회 기록(Inquiries)을 보유한다.

이렇게 대량으로 축적된 크레딧뷰로사의 정보가 신용보고서, 신용평점
등의 형태로 금융회사의 대출 여부, 대출금액결정 등에 주요 수단으로 활용된
다. 미국의 크레딧뷰로 3사는 연간 55억 건의 신용평점을 생성하고 매일 500
만 건의 의사결정변수를 생성하여 제공한다.

현재 미국의 크레딧뷰로사들은 은행의 대출 등 신용상품의 라이프사이

클 전체 단계에 걸쳐 위험관리 및 의사결정을 지원하고 있다. 미국의 페어 아이작(Fair Isaac) 사가 개발한 파이코 스코어(FICO Score)는 금융회사의 대출 승인 여부 등 다양한 의사결정과 자산담보부 증권(Asset-Backed Securities) 포트폴리오 평가, 감독당국의 건전성 심사 등에 1차 기준으로 활용되고 있으며 국제적 표준지표로 인정받고 있다.

크레딧뷰로가 미국 개인 신용시장의 성장에 어떤 영향을 미쳤는지는 미국 신용카드 시장의 예를 통해 극명하게 확인해볼 수 있다. 1985~1991년의 기간 동안에, 신용카드 시장에 새로운 참여자가 늘어나면서 기존 참여자들은 새로운 국면을 맞게 되었다. 새로운 시장참여자들은 크레딧뷰로의 정보를 이용, 잠재고객을 확인하고 이들의 신용도에 맞는 경쟁력 있는 맞춤상품을 제공하기 시작하였다. 모든 고객에게 일률적인 이자율을 적용하던 기존 카드사들은 결국 ① 자사의 우량고객을 새로운 시장참여자에게 뺏기든지, 아니면 ② 이자율과 수수료를 인하하여 경쟁력을 확보하든지 둘 중 하나를 선택할 수밖에 없었다. 1991년 아메리칸 익스프레스(American Express)가 처음으로 '등급별 차등 이자율 적용(Tiered Pricing Structure)'을 시행하면서 기존 고객에 대한 적용 이자율이 인하되었고, 이어 시티은행(Citibank)이 이와 유사한 제도를 선보이면서 과거 일괄적인 이자율 및 수수료 적용으로 우수고객이 저(低)신용고객들이 부담해야 할 금융비용을 부담하던 비합리성을 개선하고 시장 전반적으로 경쟁력 있는 구조를 취할 수 있게 되었다. 카드사의 '등급별 차등 이자율 적용'이 가능했던 배경에는 크레딧뷰로의 데이터가 매우 중요한 역할을 했다.

개인들에 대한 신용공여가 확대되고 대출금리도 하락하였다. 2001년 기준으로 미국 가구의 75%가 소비자 대출 및 신용대출을 이용하고 있으며, 자가 소유자의 2/3가 모기지 대출을 이용하고 있다. 신용접근 기회는 전통적으로 시장에서 소외되었던 계층, 특히 젊고 소득이 낮은 계층에서 보다 확대되었다. 1970년 대비 2001년 기준으로 최저 소득계층의 가구 중 소비자 대출을 이용하는 가구의 비율이 70% 증가하여 고소득계층의 10% 증가와 뚜렷이 대비된다. 또한 미국 신용카드 이용가구의 금리대별 분포를 보면 1990년에는 18% 이상 고금리가 적용되던 가구가 전체의 73%였던 데 반해 2002년에는 26%로 하락했으며, 1992~2001년 중 리볼빙 고객의 평균 금리는 17.4%에서 14.2%로 하락하였다.

3. 국내 크레딧뷰로의 현황

우리나라는 거액 고객에 대한 여신정보 축적 및 신용 불량거래자에 대한 제재를 주요 목적으로 정부 주도로 금융회사 간에 개인 신용정보의 공유가 추진되었다. 이에 따라 은행연합회가 법에 의해 종합 집중기관으로 지정되어 강제적으로 연체정보 등 불량정보를 집중하여 공유하고 있으며, 금융기간과의 계약에 기초하여 개인 신용정보를 수집하고 평가서비스를 제공하는 민간주도 형태의 크레딧뷰로가 정보제공자로 참여하고 있다. 크레딧뷰로는 3개사가 설립되어 활동하고 있다. 현재 은행연합회로 집중되어 활용되는 금융권의 공유정보는 신용불량정보와 같은 일부 불량정보(Black Information)와 대출현황 등과 같은 일부 우량정보(White Information)를 포함하고 있다. 단, 현재 신용불량정보 등록기준에 해당하지 않는 단기연체(3개월 미만)정보는 종합 집중기관에 집중되지 않고 있어 금융권의 공유정보로 활용되지 못하는 실정이다. 그리고 민간 크레딧뷰로사가 수집하는 정보도 한국개인신용(KCB: Korea Credit Bureau)이 출범하기 전까지는 단기연체정보를 중심으로 하는 불량정보 중심이었다. 이에 따라 그동안 현행 공유정보, 특히 신용거래정보의 범위에서 가장 큰 문제점은 특정 시점의 거래현황 정보만이 공유되고 있어 개인 소비자의 성향, 거래패턴 등을 동태적으로 분석할 수 있는 기초정보가 크게 부족하다는 점이 문제점으로 인식되어왔다. 즉, KCB가 설립되기 이전까지는 특정 시점에 있어서의 정태적 정보만이 공유되고 있어 개인 소비자의 신용공여거래 실적기록 등을 이용한 동태적 신용평가는 거의 불가능한 실정이었다. 다음의 사례가 이러한 불량정보 중심의 정태적 정보공유가 갖는 문제점을 극명하게 대변해준다.

사례 • 은행원 김 모(38) 씨는 최근 황당한 경험을 했다. 자사 신용카드 회원을 10명 이상 모집하라는 지시에 따라 친구, 친척 등에 구걸하다시피 해 겨우 10명을 채웠으나, 3명이 발급심사에서 '부적격'으로 판정 났다. 더욱 놀랄 일은 부적격자 3명 중에 자신도 포함되어 있었다는 점이다. 지난 3월 정기예금을 담보로 대출을 받았고, 주식투자로 인한 손실로 어쩔 수 없이 카드론을 대출받은 '전과' 때문에 카드 발급이 거부되었다.

사례 • 대기업 H 건설 황 모(42) 부장은 지난달 주유 시 적립 포인트가 높다는 A 카드사의 광고를 보고 카드 발급을 요청했지만 거절당했다. 본인 명의 휴대전화 요금이 연체되었다는 것이 이유였다. 당황한 황 부장은 이동통신사에 확인한 결과 중학생 아들의 휴대전화 요금이 연체된 사실을 알아내고 즉시 납입했지만 어떤 카드사도 자신이 원하는 카드는 발급해주지 않았다.

— ≪서울신문≫, 2005. 5. 31. 15면

이에 따라 지난 2005년 국내 개인 신용정보시장에서는 민간 부문에서 크레딧뷰로 서비스를 제공해온 기존의 한국신용정보(NICE)와 한국신용평가정보(KIS) 2개사 외에 대형 금융회사들이 중심이 되어 한국개인신용(KCB)이

<표 10-1> 국내 크레딧뷰로사 현황

(2005년 말 기준)

	1985. 2. 28. 한국신용평가정보(KIS)	1986. 9. 11. 한국신용정보(NICE)	2005. 2. 22. 한국개인신용(KCB)
설립일	한국신용평가정보(KIS)	한국신용정보(NICE)	한국개인신용(KCB)
주요주주	다우기술(27.17%), Genesis Fund Managers(6.93%). 다우데이터시스템(0.62%) 등	김광수(28.83%), 에스루비네트워크(주)(19.38%), Tokyo Shoko Research(6.88%), 이니텍(5.07%), 최영(0.53%)	한기평(10%), 국민은행(9%), 농협(9%), 삼성금융계열(9%), 우리지주(9%), 신한은행(9%), 하나은행(9%), LG카드(9%) 등
기업형태	중소기업(코스닥 등록)	대기업(거래소 상장)	일반, 중소기업
자산/자본금	947억 원 / 238억 원	1,070억 원 / 335억 원	423억 원 / 500억 원
사업형태	CB 겸업 : 기업 및 유가증권 평가기업 →	채권추심 및 CB업으로 확대	CB 전업: 신용조회, 신용조사
정보범위	소규모금융사, 부정적(Nagative) 정보 위주 →		대형금융사, 긍정적 (Positive) 정보 포함

<표 10-2> 크레딧뷰로를 통한 개인 신용정보 공유 범위의 확대

구분	과거 수집·공유 개인 신용정보	우량정보 수집·공유 확대
식별정보	성명, 주민등록번호, 직업	자택 및 직장 주소, 전화번호, 휴대전화번호, 직장명
신용거래정보	대출일, 대출금액. 보증, 신용카드 현금서비스 현황, 신용카드 발급·해지 및 가계 당좌예금 개설 해지 사실	계좌별 대출일, 만기일, 대출한도. 대출잔액, 대출상환내역. 상세연체내역, 신용보증 담보 유무, 신용카드 사용실적, 청구금액. 미청구잔액. 결제내역. 보증인. 피보증인. 보증일자 및 만기일자. 보증금액
신용불량정보 ('05년 4월 28일 신용불량제도 폐지)	불량정보, 금융권 대출 및 카드 3개월 이상 연체금액 거래기록정보, 상거래 관련 3개월 이상 연체금액	
신용능력정보		재산, 소득, 채무의 총액, 납세실적
공공기록정보	1년 이상 체납 정보	세금 관련 정보, 신용 관련 판결문. 채권추심 정보, 공공요금 연체정보, 본인확인정보

설립됨으로써 제한적이었던 정보수집 대상 및 범위가 크게 확대될 전망이다. 한국신용정보와 한국신용평가정보가 주로 연체정보 중심의 불량(Negative) 정보를 수집하여 공유해왔던 반면 한국개인신용은 대출상환실적, 카드이용실적 등 개인의 신용이력을 종합적으로 판단할 수 있는 우량(Positive)정보까지를 포괄하여 수집, 공유하고 있다. 예를 들어 최근 설립된 한국개인신용의 경우 은행, 카드/캐피탈사, 보험사, 서울보증보험, 은행연합회 등에서부터 개인의 신상정보, 연체정보, 대출개설정보, 상환이력정보, 카드사용실적, 대지급정보, 채무보증, 금융질서문란, 공공기록 및 특수기록 정보 등을 매일, 매주 또는 매월 단위로 정기적으로 수집하고 있다. 수집정보는 개인별로 취합되어 단순 요약보고서나 상세보고서 등의 형태로 금융회사에 제공된다.

4. 금융회사의 크레딧뷰로 활용 현황

은행의 여신 프로세스 현재 국내 금융회사들은 고객과의 신용 의사결정 프로세스 전반에 걸쳐 정교한 리스크 측정을 위해 크레딧뷰로 정보 및 서비스를 활용하고 있다.

먼저 은행 창구에서의 고객 상담단계에서는 크레딧뷰로가 제공하는 신용보고서의 신상정보(성명, 주민번호, 자택주소, 직장주소, 실거주지 정보 등)를 활용하여 고객을 확인한다. 고객의 총 신용한도를 파악하여 채무상태를 확인하고 과거 상환이력정보를 통해 고객의 상환의지를 추정하게 되며, 소득 등을 파악하여 상환능력을 확인하게 된다. 또한 고객의 신청서에 기재한 정보와 크레딧뷰로사의 신용보고서를 비교하여 신청단계에서의 사기행위를 적발하는 데도 활용될 수 있다(〈그림 10-3〉 참조).

고객의 여신신청을 심사하는 단계에서는 먼저 내부 및 외부 크레딧뷰로

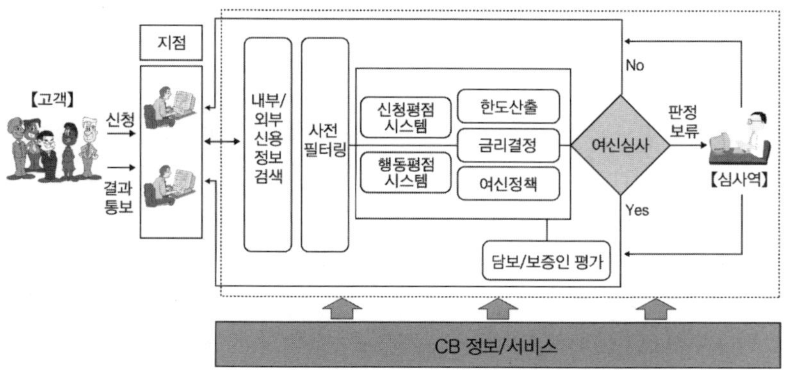

사의 불량정보를 기초로 여신부적격자를 선별하고, 동일인 여신한도 또는 상품별 취급 규정 등 금융회사의 여신정책 및 전략부합 여부를 정규 심사 프로세스 전에 크레딧뷰로 정보를 활용하여 사전 필터링 항목을 개발하여 운용한다. 현재 국내 금융회사들은 크레딧뷰로사가 제공하는 신용평점을 사전 필터링 기준으로 사용하고 있는 경우가 많으며 크레딧뷰로 평점 1~5등급은 신용대출, 6~7등급은 보증대출, 8~10등급은 신용거절 형태로 운용되는 것이 일반적이다. 내부 정책 또는 금융회사가 정한 별도의 기준에 의해 신용평점을 산정할 수 없거나 신청평점 시스템에 의해 판단 미정으로 분류된 고객들에 대해서는 심사역의 정밀여신 심사가 이루어지는데, 이때 고객의 신청정보, 내부 보유정보와 결합하여 크레딧뷰로사의 정보나 서비스를 활용하게 된다.

또한 금융회사 자체 신청평점 시스템에서 거절된 고객이라 할지라도 크레딧뷰로 평점이 높거나 상환능력이 상당하고 신용거래 패턴이 매우 우수한 고객에 대해서는 특별 심사를 하여 승인 여부를 결정하게 된다. 여신 신청단계에서 자체적으로 개발한 신청평점과 크레딧뷰로 평점을 매트릭스로 결합하여 운용하는 금융회사도 점차 증가하고 있다.

신규 신청고객에 대한 여신승인뿐만 아니라 은행의 기존고객을 대상으로 하는 고객관리 업무 전반에서도 크레딧뷰로사의 정보가 광범위하게 활용된다. 기존 여신의 기한을 연장하거나 재약정하는 경우 크레딧뷰로사의 신용보고서를 통해 최신 주소 등 신상정보를 확인하고 과거 상환이력을 통해 고객의 상환의지나 능력을 파악하며, 기한연장/재약정 고객에 대해 행동평점 시스템에 의한 여신 자동연장 시 정책사유에 의한 자동연장/약정조건 변경 기준으로 활용하기도 한다.

국내 은행 중에 자체적으로 개발한 행동평점과 크레딧뷰로 평점을 결합하여 운용하는 경우는 아직까지 많진 않지만 점차 증가하는 추세이다. 또한 은행들은 자체 신용평점이나 행동평점을 개발하는 과정에서 외부 정보인 크레딧뷰로 정보를 기초 데이터(Raw Data)로 활용하고 있다.

크레딧뷰로사를 통해 금융회사간의 연체정보가 공유됨으로써 자사거래 고객이 타사에 연체가 발생할 경우 이 사실을 즉각 인지하여 기한 이익 상실 등의 적절한 조치를 취하게 된다. 연체가 발생하고 난 후의 사후관리 단계에서도 크레딧뷰로 정보가 활용된다. 자사고객이 연체상태에 있는 경우 타사의 연체상황을 반영하여 차별화된 연체관리전략을 수립할 수 있으며 다중 연체자나 장기연체자의 경우 최신 연락처 정보가 채권회수에 가장 중요한 사항으로 크레딧뷰로사의 최신 개인고객 신상정보를 이용하면 연락이 두절된 고객에 대한 연락처 확보가 가능하게 된다.

**카드사의 신규 심사 및
기존고객 관리 프로세스**

신용카드사의 경우 신규고객이나 기존고객의 이동이 빈번하고 신용한도 조정 등 고객관리가 매우 동태적으로 이루어지는 산업의 특성상 금융회사 중에서도 크레딧뷰로 정보나 서비스를 가장 활발하게

<표 10-3> 카드사의 크레딧뷰로 정보 활용 현황

신규심사	
고객식별	식별 정보를 활용한 신청서 확인
필터링	CB 평점, CB 단기연체정보, 조회처 및 개설정보를 활용한 정책거점 및 심사사유 적용
신청평점	금융기관 신청평점과 CB 평점이 결합하여 통합 신청평점을 산정
평가	시스템 판정에 대한 번복 및 회색지대(Gray Zone) 본부 심사 시 CB 등급 및 CB 정보를 참고지표로 활용
한도 결정	자격기준과 통합 신청평점을 이용한 초기 한도 부여
카드론	카드론 승인, 한도, 이자율, 연기 등에 CB 정보 활용
기존 회원관리	
행동평점	타사의 단기연체 이력, 조회처 정보 등을 행동평점에 반영
신용등급	금융기관 BS 등급과 CB 등급을 결합한 표준등급 생성
한도관리	CB 등급을 활용하여 기존회원 한도 상·하향, 일시 한도 및 재발급 한도 관리
회전결제	회전결제 대상자 등록 시 표준등급, CB 연체정보 등 고려
카드론	취급 대상자 선정 및 한도 부여
마케팅	교차상품 판매 대상자 선정
수수료	표준등급을 활용하여 수수료율 차등화
고객 응대	고객 응대 시 CB 등급 참조

이용한다. 국내 모 신용카드사의 실제 운용사례를 통해 신용카드사의 크레딧뷰로 활용 실태를 살펴보자.

신규고객에 대한 카드 발급 여부 심사과정에서는 먼저 크레딧뷰로사의 신용보고서에 기재된 신상정보를 통해 신청고객의 신청서 정보의 진위 여부가 확인된다. 그리고 크레딧뷰로의 신용평점, 크레딧뷰로의 단기연체정보, 조회 정보 등을 활용하여 사전적으로 발급 불가고객(정책거절 고객)이 시스템을 통해 자동으로 필터링 된다. 필터링을 통과한 고객에 대해서는 자체 개발한 신청평점과 크레딧뷰로 평점을 결합하여 통합 평점이 산출된다. 이러한 통합 평점과 신청인의 자격기준을 이용하여 초기 신용한도가 부여된다. 시스템 판정결과를 번복하거나 회색지대(Gray Zone) 고객에 대해서는 본부 심사역이 심사를 하게 되고, 이 과정에서 크레딧뷰로 등급 및 크레딧뷰로 자료를 참고자 료로 활용하게 된다. 카드론 신청고객에 대해서는 카드론 승인, 한도부여, 이자율 등을 설정하는 과정에 크레딧뷰로 정보가 이용된다.

기존고객을 관리하는 프로세스 전반에 걸쳐서도 크레딧뷰로 정보가 활 용된다. 먼저 타사의 단기연체 이력, 조회정보 등이 기존고객에 대한 행동평점 의 산출에 반영된다. 고객들에 대해서는 각각 카드사가 자체 개발한 행동평점 등급과 크레딧뷰로 평점을 결합하여 표준등급이 부여된다. 크레딧뷰로 등급 을 활용하여 기존 고객의 한도가 상향 혹은 하향 조정되고, 일시 한도 및 재발급 한도가 관리된다. 회전결제(Revolving) 대상자를 선정하는 경우에는 고객의 표준등급과 크레딧뷰로 연체정보가 고려된다. 또한 교차상품 판매대 상자를 선정하거나, 수수료율을 차등화하는 과정에서도 크레딧뷰로 등급이 활용된다.

5. 크레딧뷰로를 통한 우량정보 공유의 효과

우량정보를 공유하는 데 따른 효과 분석에 관해서는 많은 국내외 연구결 과가 제시되고 있다. 우량정보 공유 시 불량정보만 공유할 때보다 연체율이 낮아지고, 대출 승인율이 높아진다는 것이다. 실제 우리나라보다 먼저 우량정 보를 공유한 국가에서 연체율 개선 및 대출규모 확대 등의 효과가 있었던 것으로 확인된다. 연체율 $1\% p$ 는 금융회사에서 연간 수백억 원의 비용과 직결된다. 2006년 6월 말 현재 국내 금융회사의 가계신용 잔액은 516조 원이므로 연체율을 1%p 줄일 경우 연체 여신 규모가 5조 원 이상 축소된다. 연체 여신 중 대손상각 비율이 최소 10%라고만 해도 금융권 전체 비용절감효과가 연간 5,000억 원이 넘게 된다. 가계 대출 잔액 규모가 80조 원 가량인 A 은행을 예로 들면, 연체율 1%p 하락 시 연간 800억 원, 매월 70억 원 가량의 대손비용절감효과가 생기게 되는 것이다.

세계은행 보고서[1])에 따르면 목표 승인율을 60%로 할 경우, 불량정보만 공유할 때보다 우량정보를 동시에 공유할 경우 부실율(연체율)은 1.45%p 하락하는 것으로 분석되었다. 공유정보 범위의 확대가 단지 연체율 개선의 효과만 있는 것은 아니다. 목표 부실률(연체율)을 동일하게 설정할 경우 공유정보의 범위에 따라 대출 승인율도 크게 달라진다. 세계은행 보고서에 따르면 목표 부실율을 4%로 잡은 경우 불량데이터만 이용한(Negative only) 모형의 대출 승인율은 73.7%에 불과한 반면, 불량 및 우량데이터를 모두 활용(Full)한 모형은 83.2%로 높아지는 것으로 분석되었다. 다시 말해, 두 은행이 동일한 연체율을 유지하더라도 불량정보만을 공유하는 은행에 비해 우량정보까지 함께 공유하는 은행의 경우 대출 고객을 12.9%나 확대할 수 있다는 것이다.

정보 공유범위를 확대할 경우 의사 결정 오류의 가능성은 그만큼 줄어든다. 세계은행 보고서에 따르면 목표 승인율을 60%로 운용할 경우 불량 및 우량정보까지 함께 이용하는(Full) 모형은 우수고객에 대해 여신승인을 거부하는 비율이 34.8%인 반면, 불량데이터만 이용한(Negative Only) 모형은 35.8%로 높아진다. 특히 불량고객에 대해 여신승인을 해주는 비율은 목표 승인율 60%의 경우 불량 및 우량정보까지 함께 이용하는 모형은 12.3%에 불과한 반면, 불량데이터만 이용한 모형은 두 배에 가까운 21.7%로 높아진다. 이는

---

1) Barron and Staten(2002), *The Value of Comprehensive Credit Reports : Lessons from the U. S. Experience*, Georgetown University.

고스란히 금융회사의 손실로 이어진다.

크레딧뷰로의 역사가 깊은 미국 등 선진국이 아니라도 적지 않은 국가에서 우량정보 공유의 효과가 입증되고 있다. 아르헨티나와 브라질의 경우, 우량정보의 활용으로 60% 대출 승인율 조건에서 각각 0.83%p와 1.53%p의 부실율 개선 효과를 경험했다.[2]

이상의 연구결과에 기초해볼 때 크레딧뷰로를 통한 개인 신용정보 공유가 확대되면 금융시장의 안전성이 제고되고 우량대출이 증가하면서 소비가 증가하는 경제의 선순환 구조가 정착될 수 있을 것이다. 금융회사 간에 공유되는 정보의 범위가 연체정보 등 불량정보뿐만 아니라 개인의 신용거래 행태를 포괄하는 동태적 정보까지를 포괄하게 되면 금융회사의 신용평가에 활용되는 데이터의 질과 양이 과거와는 비교가 되지 않을 정도로 향상된다. 이렇게 되면 개별 금융회사의 대출심사기법의 정확도가 크게 향상되고 불량 차입자에 대한 대출이 감소하여 금융시장의 안전성이 제고되는 한편 우량 차입자에 대해서는 보다 유리한 조건으로 대출이 가능해짐에 따라 소비가 진작될 것으로 보인다.

크레딧뷰로를 통해 개인정보의 공유범위가 확대되고, 대량으로 축적된 양질의 데이터를 특정 업종만이 아니라 전체 금융회사들이 이용할 수 있게 되면 객관적이고 정확한 신용의사결정이 가능해짐으로써 금융회사의 개인 신용평가 시스템이 선진화되는 기반이 마련될 것이다. 특히 정보공유의 범위가 연체정보 중심에서 동태적 정보까지를 포괄하는 형태로 확대되면 금융회사의 연체율이 크게 낮아질 것으로 예상된다. 국내의 현행 개인 신용정보를 이용하여 신용평점모형의 부도율 예측 결과를 비교한 결과, 은행연합회 공유

---

2) World Bank(2003), "Public Credit Information Systems: Evaluating Available Information".

<표 10-4> 승인률 변동에 따른 부도율 변화

(단위 : %)

목표 승인율	모형		
	모형 A	모형 B	모형 C
50%	2.32	1.61	1.27
60%	2.48	1.85	1.45
70%	2.68	2.17	1.73

* 모형 A: 은행연합회 공유정보
* 모형 B: 모형 A + 단기연체정보
* 모형 C: 모형 B + 조회정보

자료: 한국은행, 「신용평점모형 개선에 관한 실증연구」, 《금융시스템 리뷰》(2004. 7).

정보만을 이용한 모형보다 은행연합회 공유정보에 단기연체정보와 크레딧뷰로사의 조회정보를 포함한 모형의 부실률이 약 $1\%p$ 가량 낮은 것으로 분석되어 정보공유 범위가 확대되는 만큼 국내 금융회사의 개인 신용평가 시스템의 정확성이 제고될 것으로 기대된다(<표 10-4> 참조).

또한 신용평가 시스템을 구축하고 있는 금융회사들의 경우 자체 신용평점과 크레딧뷰로사의 신용평점을 결합하여 사용하게 되면 보다 정확한 신용판단이 가능해질 수 있다. 자체적으로 신용평가 시스템을 개발할 능력이 부족한 중소형 금융회사들의 경우, 크레딧뷰로사에서 제공되는 신용보고서와 신용평점을 활용하여 신용평가 시스템을 구축할 수 있다.

국내 금융회사들은 크레딧뷰로사에 축적된 대량의 정보와 크레딧뷰로사가 제공하는 다양한 부가서비스를 활용하여 정교한 여신심사를 할 수 있게 될 것이다. 신청사기 방지, 차입자의 상환능력이나 의지 파악, 자동 의사결정 시스템 지원 등을 통해 리스크 관리 비용을 절감할 뿐만 아니라 위험도를 감안한 가격결정을 통해 우량고객의 확보, 나아가서는 종래 대출시장에서 소외

〈표 10-5〉 크레딧뷰로의 효과

구 분	효과
신용공여 기관	- 신용위험도를 감안하여 고객별로 합리적인 가격 결정 - 신용 리스크 관리를 위한 신용정보의 수집 등에 소요되는 비용 절감 - 정확한 신용평가 및 시장세분화를 통한 부실 감소 및 여신 승인율 제고
소비자	- 신용을 축적하면서 금융회사 선택 및 대출 거래에서 유리한 지위 확보 - 개인의 신용관리 중요성에 대한 인식 제고 - 개인의 생애를 통한 금융계획 설정 가능
국민경제	- 개인여신 과다에 따른 버블 형성을 억제하여 경제 안정에 기여 - 한계고객들에 대해서도 세부적인 신용평기를 통해 제도금융권내로 흡수하여 고금리의 사금융 폐해를 최소화 - 금융자본의 효율적 배분을 통해 경제 발전에 기여

되었던 고객의 확보가 가능하게 되어 새로운 대출시장을 개척할 수 있을 것이다. 또한 소비자들은 특히 대출시장에서 소외되었던 소비자 계층에 대한 금융 이용기회가 확대될 수 있을 것이며, 이를 통해 금융시장의 현안과제인 저소득 계층의 제도금융권 내로 흡수하는 것도 가능해질 것이다(〈표 10-5〉 참조).

1. 주요 이슈의 등장 배경

개인 신용평점모형은 다수의 신규신청고객을 취급하는 신용카드업계에서 그 중요성이 지속적으로 증대되어왔다. 개인 신용평점모형은 초기에는 신규고객의 대출승인 여부를 결정하기 위해 주로 사용되었으나, 점차 기존고객들에 대한 신용도 관련 의사결정(신용한도 관리, 기한연장 여부, 연체관리 등)에도 사용되어왔다. 이후 개인 신용평점모형은 활용범위가 더욱 확대되어, 기존고객 중 연체발생 가능성이 높은 고객을 사전적으로 찾아낼 수 있는지, 연체금을 조속히 상환하도록 하기 위해서는 구체적으로 어떤 전술을 사용해야 하는지, 그리고 어떤 고객층에게 신상품을 마케팅해야 하는지에 대한 의사결정에까지 확장·사용되고 있다.

이와 같이 개인 신용평점모형의 활용이 확대되면서 금융회사들은 신용평점모형의 성능을 개선하기 위한 새로운 방법론 개발, 다양한 신용평점모형의 개발을 시도하고 있으며, 특히 바젤 Ⅱ 도입[1]에 대응하여 이용데이터와 포트폴리오 세분화 문제 등 모형개발과 관련한 새로운 이슈들에 직면하고 있다.

<표 11-1> 신용평점모형 관련 주요 이슈

이슈	내용
신용평점모형 개선	• 우량·불량 고객의 분류 방법론 개선 - 인공신경망, Support Vector Machines 등의 새로운 방법론 개발 • 다양한 영업 이슈를 효과적으로 해결하기 위해 다양한 평점모형 개발 - 반응, 사용, 채무불이행, 수익성평점 등
데이터 정제	• 영업·마케팅 정책 변경 시, 최근 금융시장의 여건 변화에 의해 나타나는 고객 데이터의 바이어스(Bias)를 개선 - 전혀 상품을 이용하지 않는 고객으로부터 발생하는 바이어스 - 타 금융회사로 이탈하는 고객으로부터 발생하는 바이어스
위험에 근거한 가격설정	• 개인고객으로부터의 수익을 극대화하기 위해서는 고객의 위험뿐만 아니라 상품에 대한 고객의 선호도 등도 평점모형에 반영
바젤 II 도입	• 바젤 II의 도입으로 개인고객 각각에 대한 신용위험 관리보다는 소매대출 포트폴리오 자체의 신용위험을 관리하고자 하는 니즈 증가

2. 신용평점모형의 개선

방법론 개선 전통적으로 개인고객에 대한 부도위험을 측정하는 방법론은 주로 선형회귀분석(Linear Regression), 로짓 회귀분석(Logit Regression), 선형계획법(Linear Programming), 의사결정 나무 분석

---

1) 국제결제은행(BIS) 산하 바젤은행감독위원회(바젤위원회)는 규제완화, 금융공학의 발달과 같은 금융환경의 급격한 변화로 기존 BIS 협약의 유효성이 저하됨에 따라 이를 대체할 신BIS 협약 제정을 추진하여 2004년 6월에 최종 확정하였다. 신BIS 협약은 일명 바젤 II라고 불리며 은행의 리스크 관리 선진화와 자본충실화를 유도 하기 위한 종합적인 자본규제제도로서 3개 축(pillars)으로 구성되어 있다. 3개 축 은 최저자기자본 규제(pillar 1), 감독기능강화(pillar 2), 시장규율 강화(pillar 3)이다. 바젤위원회 회원국은 2006년 말에 시행하기로 합의했고, 비회원국은 각 감독 당 국이 시행 여부 및 시행 시기를 자율적으로 결정할 수 있다. 우리나라는 2008년 1월부터 바젤 II를 시행할 예정이다.

〈표 11-2〉 방법론 비교 분석결과

	선형 회귀분석	로짓 회귀분석	선형 계획법	Support Vector Machines	인공 신경망	Naive Bayes	의사결정 나무분석	Nearest Neighbor
평균 순위	6.9	6.1	6.5	3.6	5.2	15.1	6.7	7.9

* 평균 순위는 PCC(Percentage Correctly Classified) 기준에 의해 결정한다.

* 평균 순위값이 작을수록(클수록) 성과가 좋은 것을 의미한다. 8개의 표본에서 모두 1위를 차지할 경우 평균 순위는 1이 된다.

자료: Thomas, L. C., R. W. Oliver and D. J. Hand(2005), *A Survey of the issues in Consumer Credit Modelling Research*, p. 215.

(Decision Tree) 등에 의해 수행되어왔다. 최근 10년 동안 이러한 기존 방법론을 개선하기 위해 Nearest Neighbor Methods, 인공신경망(Neural Nets), SVM(Support Vector Machines) 등의 새로운 방법론이 개발되었다.

바에슨즈(Baesens)는 17개의 방법론을 8개의 개인 및 소기업 표본 집단에 적용하여, 각 방법론의 성과를 비교·분석했는데, 8개의 표본 집단에서 회귀분석, 로짓 회귀분석, 선형계획법, 의사결정 나무(Decision Tree) 분석이 각각 한 번씩 1위를 차지했으며, 인공신경망과 SVM(Support Vector Machines)은 각각 두 번씩 1위를 차지하였다. 즉 특정 방법론이 성과에서 절대적 우위를 가지지는 않는 것으로 나타났으며, 이는 주요 방법론들의 성과에 있어서 유사성이 있음을 시사한다.

다양한 평점모형 개발 지난 10여 년 동안 신용평점모형을 통해, 개인고객에 대한 우량·불량 판별 능력을 보다 개선시키려는 노력과 더불어 다양한 영업·마케팅 관련 이슈를 해결할 수 있는 평점모형을 개발하려는 노력도 진행되어왔다.

〈표 11-3〉 평점모형의 종류

	내용
Response 평점	개인고객이 직접적인 상품 제공에 반응할 것인가를 점수화
Usage 평점	개인고객에게 만약 상품이 제공된다면, 그 상품을 구매할 것인가를 점수화
Attrition 평점	개인고객에게 특별 상품이 제공된다면, 현재 거래금융회사에서 이탈하지 않을 것인가를 점수화

평점모형은 일반적으로 개인고객의 성향을 모형화하는 데 탁월하며, 따라서 금융회사가 단지 개인고객의 부도위험뿐만 아니라 개인고객의 성향을 평가하기 위한 평점표를 만드는 것은 자연스러운 현상이라 할 수 있다. 이를 반영하여 개인고객의 부도위험 여부를 측정하는 평점표 외에도, 금융회사의 특정 목적을 반영하는 다양한 평점모형이 출현하게 되었다.

한편 금융회사들이 개인고객의 위험보다는 수익성을 차츰 더 강조하는 경향이 나타남에 따라, 수익성 위주의 평점모형에 대한 개발 · 연구가 수행되고 있다. 다시 말해서, 신용평점모형은 '모든 고객으로부터 얻는 수익은 같다'는 고객의 동질성(Customer Homogeneity)을 전제로 모형 자체의 효율성 내지 정확성에 초점을 맞추다 보니 금융회사의 이익극대화라고 하는 효과성(Effectiveness)이 간과되었던 것이다.[2] 이는 들어오는 수익은 일정하므로 기대손실의 최소화가 곧 기대이익의 극대화라는 논리와 일맥상통한다. 그러나 실제로는 개별 고객으로부터 얻게 되는 수익은 고객별로 차이가 크기 때문에 고객의 동질성은 비현실적이라는 비난을 받고 있다.[3] 따라서 금융회사 입장에서는

---

2) Altman, Edward I and Robert Haldeman(1995), "Corporate Credit-Scoring Models: Approaches and Tests for Successful Implementation," *Journal of Commercial Lending* (May), 10~22.

3) Leonard, Kevin L.(1995), "The Development of Credit Scoring Quality Measures for Consumer Credit Applications," *International Journal of Quality & Reliability*

조직의 효과성에 영향을 줄 수 있는 고객평점모형을 원하게 되는 것이다.

수익성에 근거한 평점모형(Profitability-Based Scoring Model)을 개발하기 위해서는 금융회사의 수익측면이 고려된 기대수익률 개념을 이용해야 한다. 즉, 소비자의 신용위험에만 주안점을 두어 채무불이행 확률에 입각해서 신용사용 신청 관련 결정을 내릴 것이 아니라, 각 개별 고객으로부터 얻게 될 기대수익에 기반을 둔 신용 마케팅을 시행하게 되는 것이다. 따라서 연체 등 채무불이행 확률만 추정하는 것이 아니라 여기에다가 수익과 비용이 동시에 고려되어져서 기대수익률이 산정되어야 하는 것이다. 이는 궁극적으로 금융회사의 수익성에 공헌하는 우량 및 불량 고객을 판정하는 바, 만약 어떤 소비자의 기대수익률이 양(+)이 되면 수익성 제고에 공헌하는 우량고객으로 구분되고 기대수익률이 음(−)이 되면 불량고객으로 구분된다.

일반적으로 고객의 동질성(Customer Homogeneity)을 가정하고 있는 기존의 신용평점모형에서는 각 고객으로부터 얻을 수 있는 수익과 발생될 수 있는 손실은 동일한 것으로 간주하여 고객을 무차별하게 보고 있다. 이에 따라서 통념적으로 한 명의 고객이 채무불이행을 할 경우에 입게 되는 손실은 다섯 명의 고객으로부터 얻게 되는 수익과 비슷하다고 하여 '1 : 5 법칙(1 to 5 rule)'이 적용된다. 이를 식으로 나타내면 채무불이행 확률(Credit Risk : Default Probability)을 P 라고 할 때 기대수익(Expected Revenue : ER)은 ① 식과 같다.

$$E R = P \times (-500) + (1-P) \times (100) \quad\cdots\cdots\cdots\cdots\cdots\cdots\cdots\cdots\cdots\cdots\cdots ①$$

다시 말하면, 고객 한 명의 채무불이행으로 발생된 손실은 고객 한 명으로부터 얻는 수익의 5배에 해당된다는 금융업계의 기본 통념을 적용해본

Management(April), 79~85.

것이다.[4]

　　그러나 이 식은 앞서 언급한 대로 '모든 고객들로부터 얻게 되는 수익은 동일하다'라고 하는 가정을 전제로 하기 때문에 상당히 비현실적이라는 비판을 받아왔다. 따라서 보다 더 현실적으로 타당한 기대수익을 구하기 위해서는 식 ②와 같이 각 고객별로 차별화될 예상수익(Cash Flow-In : CFI)과 예상손실(Cash Flow-Out : CFO)을 산정할 필요가 있다.

$$E\,R = P \times (CFO) + (1-P) \times (CFI) \quad \text{②}$$

　　이를 위해서 개별고객의 예상수익(CFI)과 예상손실(CFO)은 식 ③과 ④처럼 특성변수들과의 관련성을 규명한 회귀분석을 통해서 예측할 수 있다.

$$CFI = a_0 + a_1 X_1 + a_2 X_2 + \cdots + a_n X_n \quad \text{③}$$

$$CFO = b_0 + b_1 X_1 + b_2 X_2 + \cdots + b_n X_n \quad \text{④}$$

　　또한 개별고객의 채무불이행 확률(P)은 로짓 분석을 이용하여 식 ⑤처럼 예측할 수 있다.

$$P = prob(Y_i = 1)$$
$$= exp(\beta' X_i)/[1 + exp(\beta' X_i)] \quad \text{⑤}$$

여기서 $Y_i = 1$: 소비자가 채무불이행

　　　　$Y_i = 0$: 소비자가 정상적

---

4) 신지웅(1998), 「신용카드 시스템의 신용평가기법적용에 관한 연구」, ≪비씨카드 학술논문집≫, 7, 407~428쪽.

결과적으로, 수익성평점 방법은 순 현재가치(Net Present Value)에 근거해서 신용사용 신청을 수용할 것인가 아니면 기각할 것인가의 여부를 결정하는 방법이다. 다시 말해서 만약 순 현재가치가 플러스가 되면 그 신용신청을 수용하게 되지만 마이너스가 되면 기각하게 되는 것이다.

수익성평점모형을 개발하고 수행하는 것은 쉬운 일이 아니다.[5] 그 이유는 첫째, 비록 이러한 모형개발에 대한 예비적 연구들이 진행되고 있다고 하더라도 이러한 종류의 모형은 매우 복합적일 수밖에 없다. 둘째, 신용공여기관들이 원하는 정보를 자체적으로 갖고 있지 못하다. 신용신청자들이 제출하는 신청서에는 꼭 필요한 정보가 일반적으로 포함되어 있지 않기 때문이다. 결국 신청서는 신용사용에 따른 사후관리를 하는 데 관련된 정보를 주로 수집하도록 고안되어 있다. 따라서 향후에는 실제적으로 마케팅 활동과 수익성평점에 관련된 자료를 수집할 수 있도록 신청서양식을 확대하고 개편할 필요가 있다. 셋째, 대다수 신용공여기관들의 회계자료는 그 자체를 이용해서 원가와 수익을 모형화할 수 있는 형태로 되어 있지 않은 실정이다. 마지막으로, 미국 등에서 나타나듯이 수익성평점모형개발은 대중의 이해관계와 정치적 문제가 있을 수 있다는 점이다. 「동등신용기회법(ECOA)」에 의해 신용공여기관들은 신용신청기각에 따른 정당한 이유를 각 신청인에게 제시해주어야 하기 때문에 수익성평점 또한 이와 같은 상황에 대처해야 한다는 점이다.

수익성모형이 개발되면서 신용공여기관들은 신용승인과정의 모든 단계에서 사용될 수 있는 통일된 위험관리 시스템을 갖게 될 것이다. 이 시스템을 통해서 각 상품라인에 대해 동일하게 적용할 수 있는 기초적 모형을 개발하여, 고객의 초기 모집단계에서부터 평가 및 계좌관리(신용한도 측정, 허가, 재발급,

---

5) Boyes, W. J. and D. L. Hoffman(1989), "An Econometric Analysis of the Bank Credit Scoring Problem," *Journal of Econometrics*, 40, 3~14.

사후관리, 포트폴리오의 평가)를 효과적으로 할 수 있게 된다.

3. 데이터 정제

신용평점모형 개발 시 모형개발자들은 항상 데이터의 시기 적절성(Timely), 유효성(Valid) 및 무결성(Free from Error) 등을 일관성 있게 확보하기 위해 상당한 노력을 기울여왔다. 그러나 모형 개발 시 사용되는 개인고객의 과거 데이터에는 항상 바이어스(Bias)가 있는데, 이는 여신승인이 거절된 고객의 정보가 존재하지 않기 때문이다. 이러한 바이어스를 다루는 기각추론(Reject Inference) 문제는 오랫동안 지속적인 논쟁 및 조사·연구의 주제가 되어오고 있다.

한편 최근에는 기각추론 문제보다는 덜 두드러지지만, 여전히 제거하기 어려운 바이어스가 발생하고 있다. 최근 개인 신용시장의 성장이 정체되고 금융회사들의 경쟁이 치열해짐에 따라, 여신승인을 받았던 개인고객들 중 전혀 대출상품을 사용하지 않는 고객이 증가함에 따라 나타나는 바이어스가 그 하나의 예이다. 만약 이러한 고객들이 상품을 사용할 경우 연체가 발생할 것인지, 고객의 향후 성과가 어떻게 될 것인지 등에 대해 판단하는 것은 쉽지 않다. 만약 금융회사들이 이러한 고객을 대상으로 상품을 판매하기 위해 영업·마케팅 정책을 변경할 경우, 이러한 고객들이 반드시 표본의 일부로 포함되어야 할 것인가를 결정해야 한다. 또한 우량·불량 고객 여부를 판단할 수 있는 충분한 정보가 축적되기 전에, 타 금융회사로 이탈하는 고객의 증가로부터 데이터의 바이어스가 발생할 수 있다.

금융회사가 향후 다른 영업·마케팅 정책을 적용하기 위한 신용평점모형을 개발하고자 할 때, 최근에 새롭게 나타나고 있는 바이어스를 어떻게 처리할 것인가? 금융회사는 기존의 영업정책하에서 개인의 성과가 어떠했는지를 파악할 수 있고, 또한 새로운 영업정책이 어떤 영향을 가져오는지를 인식할 수 있을 것인가? 어떤 면에서 이는 기각추론(Reject Inference)보다 다루기 어려우면서도 중요한 문제이며, 향후 반드시 연구되어야 할 과제이다.

4. 위험에 근거한 가격설정

개인 신용시장, 특히 신용카드 시장에서는 오랜 기간 동안 동일한 가격이 적용되어 왔으나, 차츰 금융회사들의 필요에 의해 틈새시장을 찾거나 릴레이션십 뱅킹 등을 추구하는 등 다양한 활동이 이루어지고 있다. 이러한 환경하에서 개인고객으로부터의 수익을 극대화하기 위해 신용 상품을 맞춤화(Customization)할 필요가 발생했으며, 특히 상품의 가격을 개인고객의 위험도에 따라 다르게 설정할 필요가 생겨났다. 이러한 위험에 근거한 가격 설정은 단지 주어진 가격에서 신청고객의 승인 여부를 결정하는 것에 비해 보다 정교한 모형화가 필요하다.

신용평점은 신용공여기관들이 그들의 포트폴리오 내에서 위험에 근거한 가격설정에 참여하는 기반을 제공해준다. 논리적으로 금리는 현재 은행들이 상업대출에서 행하고 있듯이 각 소비자의 특성에 맞추어 결정될 수 있다. 따라서 고위험 신용신청자들은 보다 고율의 금리를 지불하고 신용을 얻을 수 있고, 저위험 신용신청자들은 저율의 금리를 지불하게 된다. 신용공여기관이 이러한 프로그램을 수행하는 데에는 두 가지 정도의 애로사항이 있을 수 있다.

첫째로, 어떤 고객에게는 왜 다른 고객보다 높은 이자를 지불하게 하는지에 대한 설명이 쉽지가 않을 뿐더러 비공개적이라는 점이다. 그러나 이미 많은 소매금융 회사들 및 자동차 할부금융 회사들은 신용평점을 이용한 이와 같은 프로그램을 별다른 문제없이 시행하고 있다. 둘째로, 미국 등에서 나타나는 차별적 취급에 대한 「동등신용기회법」하에서의 소송위협이다. 그러나 오늘날까지 「동등신용기회법」을 적용한 소송이 거의 없다는 사실로 미루어 볼 때, 이러한 염려는 지나치게 확대 해석된 것이 아닌가 싶다.

위험에 근거한 가격결정을 위한 신용평점모형은 전반적인 수익을 극대화하기 위한 가격정책(Price-Setting Policies)을 찾기 위한 것이다. 가격정책은 개인고객 부도율의 함수로서, 개인고객에게 부과되는 금리수준을 결정한다. 그러나 수익은 개인고객에게 제공되는 상품의 매력도에 의존하므로, 제공되는 상품의 특성에 대한 금융회사와 개인 고객의 선호도 모두 평점모형에 반영되어야 한다. 킨니와 올리버(Keeny and Oliver)[6]의 금리와 신용한도에 기초한 이론 외에 이 분야에서의 연구는 거의 이루어지지 않고 있다. 이 분야는 개인신용 관련 전문가뿐만 아니라 마케팅 분야와 소비자 효용이론의 전문가가 참여하는 종합적인 접근이 요구된다.

5. 바젤 II 도입 관련 이슈

전통적으로 신용평점모형은 개별 대출이나 고객별로 신용위험을 모형화했으나, 금융회사는 실제 소매대출의 포트폴리오 특성에 대해 보다 많은 관심을 가지고 있었다. 이러한 관심은 2008년 초부터 시행될 바젤 II의 「내부등급법(Internal Ratings Based Approach: IRB)」도입으로 더욱 강화되고 있다. 「내부등급법」은 대출회사가 자체적으로 추정한 부도율 등의 매개변수(Parameter)를 바젤위원회가 익스포저의 종류별로 제시한 위험가중함수(Risk Weight Function)

---

6) Keeney R. L. and Oliver R. M.(2003). "Improving Lender Offers Using Consumer Preferences," *Proceedings of Credit Scoring and Credit Control* (VIII), Credit Research Center, University of Edinburgh.

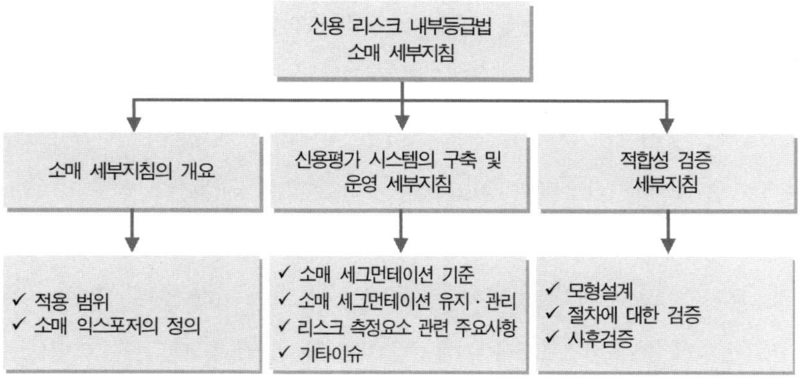

〈그림 11-1〉 소매 세부지침의 구조

에 입력하여 최종적으로 최소요구 자본량을 구하는 방식이다. 바젤 II의 도입으로 금융회사는 부도율을 정확히 추정하고 대출 포트폴리오를 최적으로 구분할 필요가 있으며, 이를 통해 포트폴리오의 예상손실(Expected Loss)과 비예상손실(Unexpected Loss)을 보전하기 위해 필요한 자본량을 최소화시킬 수 있다.

국내 은행들은 2008년 1월을 기준으로 바젤 II 요건을 충족시켜야 하며, 「내부등급법」을 도입하고자 하는 대형은행들의 경우에는 감독 당국의 승인을 받아야 하므로 최근 금융감독원은 이러한 승인과정에서 적용될 '신용 리스크 내부등급법 소매 세부지침(안)'7)을 발표했다.

**신용평점모형
개발 관련 이슈**

신용 리스크 내부등급법 소매 세부지침(안)에 따르면 국내은행들은 신용평점모형의 개발과정에서 크게 세 가지의 이슈에 직면하게 된다.

첫째로, 고객분류 문제로 소매 익스포저로 구분되는 소매중소기업을 어

---

7) 금융감독원 신BIS실, 「신용 리스크 내부등급법 소매 세부지침(안)」, 2006. 8.

떻게 정의할 것인가 하는 문제가 있다. 소매 익스포저를 구분하는 네 가지 기준은 다음과 같다. ① 은행이 리스크 관리 목적상 소매와 일관되거나 유사한 방식으로 처리한다. ② 기업 익스포저와 같이 개별적으로 관리되지 않는다. ③ 다수의 유사하게 관리되는 익스포저 중 하나이다. ④ 차주는 개인이어야 한다. 단 소매로 간주되는 중소기업은 예외적으로 인정한다.

소매 익스포저의 유형은 주거용 부동산 담보 익스포저, 적격 회전거래 익스포저, 기타 소매의 세 가지 유형으로 구분되며 기타 소매 익스포저의 경우는 일반 소매 익스포저와 소매 중소기업 익스포저로 구분된다. 그러므로 은행은 소매 중소기업을 인정받기 위해서는 소매로 분류되는 중소기업 익스포저와 기업으로 분류되는 중소기업 익스포저의 구분이 중요하며, 개인에 대한 여신과 중소기업에 대한 여신을 구분하는 내부 기준을 보유하고 있어야 한다. 또한 동일 차주에 대해서 연결 기준으로 10억 원의 금액제한이 있으므로 은행은 관련 차주그룹을 확인하고 통합할 수 있어야 하며, 관련 차주그룹의 익스포저를 합산할 수 있어야 한다(동일 차주 및 동일 차주그룹은 법인번호 또는 주민번호가 동일한 차주를 말한다). 따라서 기업 여신 중 매출액 기준 20억 원 이하 및 총 여신 10억 원 이하는 소매 익스포저로 분류한다. 개인사업자가 오직 한 건의 여신만 보유한 경우 해당 건의 여신한도에 의해 분류하면 된다. 다만 여러 개의 여신을 보유한 경우 익스포저 분류에 대한 의사결정이 필요하다.

둘째로 리스크 세분화이다. 소매 포트폴리오의 세분화는 반드시 상품특성과 부도특성을 고려해야 하며, 정상여신으로부터 연체여신을 분리해야 한다. 따라서 어떤 방식으로 세분화를 수행하는 것이 은행에 가장 적합한 것인지를 연구할 필요가 있다.

은행의 세분화 시스템은 소매 익스포저 유형 내에서 리스크를 차별화하고 리스크 측정요소를 신뢰성 있게 산출할 수 있는 세분시장을 생성해야 한다.

〈그림 11-2〉 소매 익스포저의 세 가지 유형

주거용 부동산 담보 익스포저	적격 회전거래 익스포저	기타 소매 익스포저
• 주거용 부동산에 의해 주로 담보된 법적 구속력 있는 대출 약정 • 개인 및 소매 중소기업대출 • 포괄근 담보인 경우에는 내부 리스크 관리 목적상 담보를 배분한 여신은 모두 포함 (여신 신규에 따른 분류만 가능, 중도 변경 불가)	• 무담보·무보증 회전거래로 은행에 의해 무조건적으로 취소 가능해야 함 • 익스포저 최대한도는 1억 원 • 국내에서는 개인 신용카드(사업목적용 제외)가 분류 가능 • 인정요건: 평균 손실률 수준에 비해 손실률의 변동성이 다른 소매 포트폴리오보다 상대적으로 낮아야 함	• 일반 소매 익스포저 - 주거용 부동산 또는 QRE 이외의 개인에 대한 여신 - 한도 제한 없음 • 소매 중소기업 익스포저 - 개인 또는 기업에 대한 사업목적용 소액 대출 - 동일 차주에 대해서 10억 원 한도 제한

은행이 좁은 리스크 범위 내에서 여신을 실행함에 따라 타행에 비해 소수의 리스크 세분시장을 가질 수 있으므로 단일 또는 복수 세분시장에의 익스포저 집중이 그 자체만으로는 세분화 시스템의 결함을 의미하지는 않으며, 이러한 은행은 세분화 기준이 신중하게 기술되어 있음을 명확히 문서화해야 한다. 세분화에 사용된 리스크 요인들은 내부적으로 소매 신용 리스크를 평가하는 데 사용되는 방법들과 일치해야 한다. 적합한 세분화를 결정하기 위한 기법의 하나로 신용평점모형의 결과값을 세분화 과정에 직접 통합할 수 있다. 예를 들어, 은행은 은행 자체 또는 외부의 신용평점을 세분화 기준으로 활용할 수 있는데, 신용평점을 세분화 과정에 포함시킨 경우 규제자본이 감소(BIS 비율 상승)하는 인센티브가 발생하며, 차별화 수준이 높을수록 인센티브 효과가 확대된다. 이러한 경우 은행은 평점 선택에 대한 적합성 검증을 실시해야 하며, 신용평점 시스템에 대한 적절한 통제구조를 가지고 있음을 입증해야 한다.

또한 은행은 내부등급별 리스크 요인들(Risk Drivers)과 신용 리스크 관리에 사용된 측정치 간에 동등한 비교가 가능한 경우에는 둘 사이에 강한 연관성

<그림 11-3> 신용평점 활용의 인센티브 효과

순위	신용등급	대출건수	부도 건수			
			신용평점모형이 없는 경우	신용평점모형(1)	신용평점모형(2)	신용평점모형(3)
1	A등급	1,000	70	20	16	1
2	B등급	1,000	70	40	16	6
3	C등급	1,000	70	80	27	92
4	D등급	1,000	70	140	221	181
			280	280	280	280

신용등급이 부도/비부도 차주를 가장 차별화한 모형

순위	신용등급	대출건수	부도 건수							
			신용평점모형이 없는 경우		신용평점모형(1)		신용평점모형(2)		신용평점모형(3)	
			50.00%		69.20%		80.05%		80.05%	
			DR	RW	DR	RW	DR	RW	DR	RW
1	A등급	1,000	7.0	169	2.0	115	1.6	108	0.1	30
2	B등급	1,000	7.0	169	4.0	140	1.6	108	0.6	75
3	C등급	1,000	7.0	169	8.0	178	2.7	125	9.2	187
4	D등급	1,000	7.0	169	14.0	217	22.1	243	18.1	233
평균				169		162		146		131
자기자본			11.6		11.6		11.6		11.6	
자기자본비율			6.9%		7.2%		8.0%		8.8%	

신용평점모형의 변별력이 높을수록 자기자본비율 증가

(Relationship)이 있음을 설명할 수 있어야 한다. 예를 들어, 은행이 여신 승인 또는 계좌관리에 있어 자체 신용평점을 사용한다 하더라도 크레딧뷰로의 신용평점이 자체 신용평점과 강한 상관관계가 존재하고 보다 장기적인 안정성을 보인다고 설명할 수 있는 경우에는 크레딧뷰로의 신용평점을 세분화 목적으로 사용할 수 있다. 강한 상관관계(Strong Correlation)라 함은, 내부등급을 적용하는 은행이 크레딧뷰로의 신용평점과 비교할 만한 자체 신용평점을 신용 리스크 관리에 활용하고 있어야 함을 의미한다. 그리고 장기적인 안정성(Long-Term Stability)이란, 외부 벤치마킹을 수행한 결과 크레딧뷰로의 신용평점이 자체 신용평점보다 규제자본 목적의 리스크 측정요소(PD 등)를 추정하는 데

보다 장기적인 안정성을 보이는 경우를 말한다.

셋째로, 리스크 측정요소와 관련된 문제이다. 리스크 측정요소의 정확한 추정을 위해 계량화 작업은 이용 가능한 최선의 데이터에 근거해야 한다. 은행 고유의 리스크 세분화 시스템을 고려할 때 은행들은 리스크 측정요소 추정을 위한 주요 정보로 내부 데이터를 활용하는 것이 바람직하지만, 혹 내부 데이터와 외부 데이터 간에 세분화 절차 및 리스크 특성에 있어 유사성이 큰 경우 외부 데이터를 활용할 수 있다. 바젤II의 요구조건을 충족시키기 위해서는 부도율과 회수율 등 추정치는 반드시 5년간의 데이터에 기초해서 산출되어야 한다. 은행은 5년간의 대용량 데이터를 수집하고 분석해야 하며 은행이 구성하는 어떠한 세분시장에 대해서도 필수적인 매개변수〔부도확률(PD), 부도 시 손실률(LGD), 부도 시 익스포저(EAD)〕를 추정할 수 있어야 한다. 또한 추정 데이터의 표본 기간은 포트폴리오의 장기 침체기를 포함해야 한다. 바젤II의 요구조건을 충족하는 부도율 추정치는 반드시 장기 평균값이어야 하며, 또한 향후 12개월 동안의 정확한 예측치여야 한다. 따라서 신용평점모형은 단지 개인고객의 위험도에 대한 순서를 정하는 것뿐만 아니라 향후 12개월 동안에 대해 정확한 부도율을 추정할 수 있어야 하며, 또한 경기국면에 의해 크게 영향을 받지 않는(Unbiased) 모형이 선호된다. 이러한 신용평점모형을 개발하는 것은 매우 어려운 작업이며, 이는 또한 신용평점모형이 경기국면 관련 고려사항을 모형에 보다 많이 반영해야 한다는 것을 시사한다.

이 외에도 추가적으로 고려되어야 할 것이 소매 포트폴리오 모형의 부재 문제이다. 기업부문과 달리 개인 신용부문에서는 소매 포트폴리오의 신용위험을 측정하는 모형이 개발되지 않았다. 따라서 바젤위원회는 기업대출 포트폴리오의 신용위험 측정 시 주로 사용되는 모형에 소매대출 포트폴리오의 신용을 측정하게 하고 있다. 신용평점모형 개발자들은 기업관련 신용모형이 소매대출 포트폴리오의 위험측정에 적합한지를 검증할 필요가 있으며, 그렇지 않을 경우 적절한 모형을 개발할 필요가 있다.

신용평점 시스템의 적합성 검증 이슈

신용평점 시스템이 구축되고 나면 이러한 신용평점 시스템의 적합성에 대해 검증이 이루어져야 한다. 적합성 검증이란 리스크 측정치의 변별력과 예측력을 검증하는 것부터 신용평점 시스템의 활용에 이르기까지 은행의 신용평점 시스템을 평가하는 모든 절차를 의미한다. 적합성 검증의 대상은 신용등급이 리스크를 적절히 차별화하는지 여부, 리스크 측정요소에 대한 추정치가 관련 리스크의 특성을 적절히 나타내는지의 여부 등이다. 따라서 은행은 리스크 세분화 절차가 소매 익스포저를 동질적인 리스크 특성을 지닌 풀(Pool)들로 구분할 수 있는지를 검증해야 하며, 리스크 측정요소에 대한 정확성(Accuracy) 및 타당성(Validity)을 검증해야 한다.

적합성 검증은 리스크 세분화 방법과 리스크 계량화 절차가 논리적이고 건전하며 세분시장 수준에서 부도확률(PD), 부도 시 손실률(LGD), 그리고 부도 시 익스포저(EAD)의 추정치들이 정확하다는 것을 보장하기 위해 계획된 다양한 활동으로 구성된다. 세분화의 계량화 절차를 개발하고 시험하는 직무는 지속적인 검증형태로 수행되어야 하고 추가적으로 독립된 제3자에 의해 점검되어야 한다. 지속적인 검증절차는 모형에 대한 설계, 절차에 대한 검증과 벤치마킹 그리고 사후검증에 대한 검토를 포함하고 있다. 모형설계는 개발증빙에 대한 평가(논리에 대한 평가)나 계량화 방법론에 대한 개념적인 건전성을 평가한다. 절차에 대한 검증은 시스템 이행과 합리성에 대한 지속적인 모니터링을 의미한다. 절차에 대한 검증과 벤치마킹을 분리하기도 한다. 사후검증은 추정치와 실제치를 비교한다. 모형설계와 절차에 대한 검증은 질적인 기준에 의한 검증,

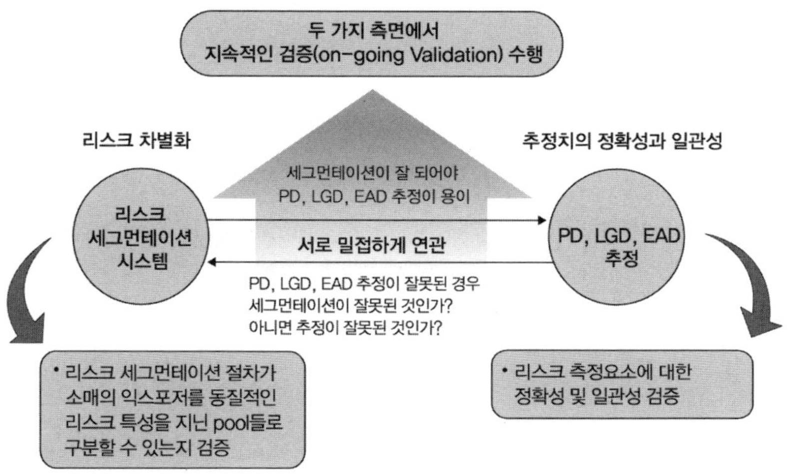

〈그림 11-4〉 적합성 검증 이슈

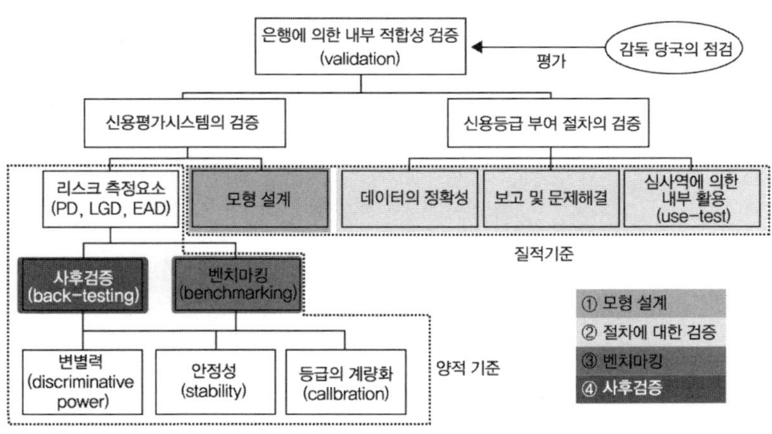

〈그림 11-5〉 적합성 검증의 구성요소

벤치마킹과 사후검증은 양적인 기준에 의한 검증 작업으로 구분된다.

양적 적합성 검증기준은 개발된 신용평점모형의 안정성 평가, 개발된 신용평점모형의 변별력 제고 및 등급의 계량화(Calibration)로 구분된다.

　　먼저 신용평점모형의 안정성 점검이란 신용평점모형에서 사용되는 독립변수, 즉 차주의 신용상태에 변화를 주는 위험요인과 차주의 부도 사이에서 원인과 결과관계가 올바르게 설정되어 있어야 하고 모형에 올바르게 반영되고 있는지를 점검하는 것이다. 경험적으로 나타날 수 있는 통계적인 모든 상관관계가 반드시 부도에 영향을 주는 인과관계를 의미하는 것은 아니므로 이에 대한 확인과정이 필요하다. 즉, 인과관계 없이 나타날 수 있는 상관관계를 확인하는 역할을 하게 된다. 안정성이 낮은 신용평점모형의 특징은 시간이 흐름에 따라 예측력이 급격히 낮아진다는 점이다. 신용평점모형에서 사용된 위험요인에 대한 통계적 유의성 검증을 진행해야 하며, 경험적으로 충분한 근거를 가지고 위험요인을 선택하여 사용하고 있는지를 확인해야 한다. 이를 통해 새로운 평점모형이 과거 평점모형에 비해 보다 안정적(Stable)임을 밝혀야 한다.

　　신용평점모형의 변별력이란 차주가 부도에 처할 위험을 사전적으로 확인하는 능력(Ex Ante Identification)을 의미한다. 만약 완전한 변별력을 가질 수만 있다면 그 평점모형에서는 미래에 발생하게 될 모든 부도 차주를 사전에 100% 확인할 수 있다. 그러나 이러한 신용평점모형은 현실적으로 존재하지 않는다. 그러므로 실무적으로 적용되는 높은 변별력을 가진 신용평점모형의 의미는 낮은 신용평점을 받는 차주집단(일정 시간이 경과된 후에 높은 부도 차주의 비율이 포함되어 있고, 낮은 비율의 정상차주가 포함되어 있음)과 높은 신용평점을 받는 차주집단(일정 시간이 경과된 후에 낮은 부도차주의 비율이 포함되어 있고, 높은 비율의 정상 차주가 포함되어 있음)이 명확히 구분된다는 것이다. 변별력이 전혀 없는 신용평점모형의 의미는 일정 시간이 경과된 후에 높은 신용평점을 받는 차주집단에서 부도 차주의 비율이 전체 모집단의 부도 차주의 비율과 비슷하게 나타나는 경우로 랜덤 모델(Random Model)이라고 부르기도 한다. 변별력을 측정하는 기준으로는 CAP(Cumulative Accuracy Profile) 곡선과 지니 계수, ROC(Receiver Operating Characteristic) 곡선과 c - 통계량, Mann-Whitney 통계량, 최소 오분율률, K-S(Kolmogorov-Smirnov) 통계량 등이 있다.

등급의 계량화(Calibration)란 신용평점 또는 신용등급을 부도확률에 대응시키고 이를 경험적인 부도확률과 얼마나 일치하는지를 확인하는 과정이다. 등급의 계량화가 제대로 이루어진 신용평점 시스템에서는 추정된 부도확률과 실제로 일어난 부도확률 간의 차이가 적게 나타나며, 등급별 부도확률의 뚜렷한 차이가 발생한다. 하지만 일치할 것으로 기대하면 안 된다. 왜냐하면 부도확률은 조건부 부도확률의 개념이기 때문이다.

바젤 II 협약에서는 등급의 계량화의 의미를 부도확률(PD)만으로 제한하지 않고 신용위험을 결정하는 특성치인 부도 시 손실률(LGD), 부도 시 익스포저(EAD)로 확정하여 관리하도록 요구하고 있다. 등급의 계량화를 위한 방법은 직접법과 간접법으로 구분된다. 직접법은 로지스틱 회귀모형이나 프로빗 모형(Probit Model) 또는 최근에 각광을 받고 있는(Hazard Rate) 모형과 같은 통계적 모형으로부터 산출된 신용평점을 이미 통계적 모형에서 설정한 부도율과 신용평점의 관계식을 이용하여 추정하는 방법이다. 간접법은 다시 두 가지 방법으로 나뉘는데, 첫 번째는 비슷한 신용평점범위 별로 등급을 나누어 각 등급별로 과거 경험적 부도율을 산출하여 그 수치를 부도확률(PD)의 추정치로 사용하는 방법과, 두 번째로 부도 차주와 정상 차주의 신용평점에 대한 분포를 각각 추정하고 정상 차주의 신용평점에 대한 분포를 추정하여, 차주에 대한 부도확률을 베이즈 정리(Bayes' Theorem)을 이용하여 추정하는 방법이 사용된다.

양적인 검증 외에 모형의 설계와 개발절차 등에 대한 질적 기준에 의한 적합성 검증도 필요하다. 통계적 모형을 기반으로 하는 신용평점 시스템에서는 모델의 설계가 중요한 과정이며, 제한적인 데이터로 인하여 충분한 계량적 점검이 불가능한 경우에도 유용하게 사용할 수 있다. 모형의 설계에서는 신용평점의 산출과정 및 신용등급의 할당 절차에 대한 문서화가 제대로 이루어져 있는지에 대한 점검과 투명성이 확보되었는지에 대한 점검으로 구분하여 접근해야 한다. 신용평점모형에 사용되는 위험요인에 대한 영향력을 개별적으로 점검하여 확인하고 현실적으로 이러한 영향력이 올바른 의미인지를 확인하는 과정이 필요하다. 통계적 모형을 기반으로 하는 신용평점의 경우는 통계적인 이론에 대한 배경의 정리 및 증명을 통해 위배되는 내용이 없는지 검증하는 과정이 요구된다.

신용평점 시스템의 높은 품질 수준을 유지하기 위해서는 모형의 점검뿐만 아니라 데이터의 품질관리가 매우 중요하다. 자료의 입력으로부터 시작하여 관리 및 수정을 하는 과정에서 일관성과 일치성을 가진 높은 품질의 데이터를 유지하기 위해서는 금융회사의 많은 노력이 요구된다. 이러한 바젤 II 협약의 요구사항은 높은 품질의 방대한 데이터베이스 구축 없이는 훌륭한 신용평점모형과 이에 따른 안정적이고 정교한 위험 특성치에 대한 추정치를 얻을 수 없다는 기본적인 원칙에 근거를 둔 것이다. 만일 금융회사가 높은 품질의 방대한 데이터베이스를 구축할 만한 여건이 되지 못하여 부도 차주에 대한 충분한 정보를 가지고 있지 못하다면 외부 신용정보를 활용하여 필요한 정보를 추가할 수 있다.

모형개발에 이용할 수 있는 데이터에 제한이 가해질 수 있는 경우에 대해서도 적절히 점검할 필요가 있다. 현행 우리나라 신용정보관리규약에 따르면 외부의 (해제된) 타행 등재 신용불량 정보의 평가항목으로의 이용은, 만약 신용정보관리 규약을 보수적으로 해석하는 경우에는 규약에 위배된다고 해석할 수 있다. 이 경우 해당 정보를 모형에 이용하는 것을 배제해야 한다. 또한 차주의 인적사항(예: 성별, 연령, 결혼 여부 등)을 평가항목으로 사용함에 있어서 국가인권위원회의 권유사항과 대립할 가능성이 존재하며, 이 경우에도 해당 정보는 모형에의 이용이 배제된다. 이러한 이용 데이터의 제약을 보완하고 모형의 변별력을 유지하기 위해서는 민간 신용정보회사(CB) 등급을 적극적으로 활용하는 것이 필요하다.

신용평점 및 등급결과를 금융회사의 내부 리스크 관리 운영과 보고체계에 실제로 적용하여 문제점이 나타나지 않는지도 점검해야 한다. 이 단계는 금융회사의 내부 운영 프로세스에 대한 설계가 실제로 적용되었을 경우 무리가 없는지를 확인하는 단계로서, 내부 적용 또는 프로세스에 근거한 적합성 검증(Process-Oriented Validation)이라고 한다. 예를 들어 신용평점이나 신용등급을 기반으로 신용공여에 대한 의사결정 문제, 신용한도에 대한 승인, 신용평점이나 등급에 적합한 위험관리전략 설정, 신용한도에 대한 관리 등과 같은 이슈사항이 신용평점체계를 기반으로 운영되는 신용위험관리에서 적용될 수 있다. 또한 신용평점에 의해 판단되는 리스크와 관련된 신용정책 및 마케팅 정책 또한 내부 적용과정에서 점검해야 하는 주요 내용이다.

금융회사에서 자체적으로 구축된 신용평점 시스템은 내부적인 의사결정 과정에서 정확하다는 확신을 가지고 적용되어야 한다. 만일 자체적으로 구축된 신용평점 시스템을 금융회사가 사용하지 않거나 일부에만 적용시키는 경우 신용평점 시스템이 금융회사의 내부 신용프로세스에 제대로 통합되지 않은 상태로 판단될 수 있으며, 결국 감독당국이 결함이 있는 신용평점 시스템을 운영하고 있다고 판단되면 내부모형(IRB) 체계에 대한 승인을 받기 어렵다.

지은이_

이명식

서울대학교 공과대학 섬유공학과 졸업, 서울대학교 대학원 경영학 석사(재무관리
전공) 미국 앨라배마 대학교 대학원 경영학과(The University of Alabama(Ph. D
in Marketing) 졸업
포스코 경영연구소 책임연구원, 국민은행 경제연구소 연구위원(가계경제실장), 하
나은행 자문교수, 삼성카드 자문교수, 한국마케팅학회 부회장, 한국신용카드학회
부회장
(현재) 상명대 경영학부 교수
저서: 『서비스마케팅』(2000), 『관광서비스마케팅』(2002), 『사이버공동체 발전론』
(2003), 『마케팅 리서치』(2004)
역서: 『브랜드자산의 전략적 관리』(1994)

김정인

경북대학교 경제학과 졸업, 경북대학교 대학원 졸업(경제학 석사), 한국외국어대학
교 대학원 졸업(경영학 박사)
해양수산개발원 주임연구원, 국민은행경제연구소 연구위원
(현재) 한국개인신용(KCB) 신용평가부장
저서: 『선물 옵션의 이해와 활용전략』(1997)
역서: 『금융 하이테크 시대를 여는 파생금융상품』(1995),
　　　『기업성공 6가지 핵심조건』(2005)

개인 신용평점제도
이론과 실제

ⓒ 이명식 · 김정인, 2007

지은이 • 이명식 · 김정인
펴낸이 • 김종수
펴낸곳 • 서울출판미디어
편　집 • 김경아
초판 1쇄 인쇄 • 2007년 4월 20일
초판 1쇄 발행 • 2007년 4월 30일

주소(본사) • 413-832 파주시 교하읍 문발리 507-2
주소(서울사무소) • 121-801 서울시 마포구 공덕동 105-90 서울빌딩 3층
전　화 • 영업 02-326-0095, 편집 02-336-6183
팩　스 • 02-333-7543
홈페이지 • www.hanulbooks.co.kr
등　록 • 1980년 3월 13일, 제406-2003-051호

Printed in Korea.
ISBN 978-89-7308-141-7 93320

* 책값은 겉표지에 표시되어 있습니다.